270 PERGUNTAS E RESPOSTAS SOBRE

SEXO E AMOR

Conheça nosso site

RAFAEL LLANO CIFUENTES

270 PERGUNTAS E RESPOSTAS SOBRE
SEXO E AMOR

2ª edição

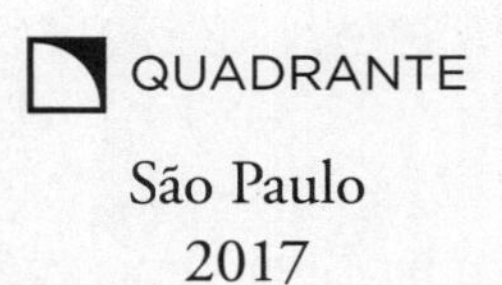

QUADRANTE

São Paulo
2017

Capa
Douglas Catisti

Dados Internacionais de Catalogação na Publicação (CIP)

Cifuentes, Rafael Llano

270 perguntas e respostas sobre sexo e amor / Rafael Llano Cifuentes – 2ª edição – São Paulo : Quadrante, 2017.

ISBN: 978-85-7465-490-4

1. Casamento - Aspectos religiosos - Cristianismo 2. Igreja Católica - Doutrinas 3. Reprodução humana - Aspectos religiosos - Cristianismo I. Título II. Série

CDD 248.482

Índice para catálogo sistemático:

1. Reprodução humana : Aspectos religiosos : Cristianismo 248.482

QUADRANTE EDITORA
Rua Bernardo da Veiga, 47 – Tel.: 3873-2270
CEP 01252-020 – São Paulo - SP
www.quadrante.com.br / atendimento@quadrante.com.br

Sumário

Prefácio

Se o presente livro traz como título Perguntas e respostas sobre sexo e amor, *para sermos coerentes com o título começaremos também este Prefácio com uma primeira pergunta*:

Por que esse método e por que esse tema?

Este método, de perguntas e respostas, deve-se a uma exigência frequentemente verificada: as pessoas perguntam muito, perguntam sempre, perguntam tudo; e todos perguntam: crianças, adolescentes, jovens, homens maduros e idosos...

E por que perguntam?

Perguntam porque sentem interesse em saber; mas, especialmente nesta época em que vivemos – nesta época chamada ainda de «modernidade», e que para muitos já é de «pós-modernidade» – há um acentuado interesse por saber tudo o que diz respeito ao sexo e ao amor. Tanto que parece não faltar em qualquer revista ou novela, ou em qualquer propaganda comercial, uma conotação de caráter sexual ou romântico.

Mas por que razão acontece isso?

Foi exatamente esta pergunta que constituiu um dos motivos pelos quais nos sentimos impelidos a escrever estas páginas:

a razão se deve à atual conjuntura moral em que vivemos, motivadora de uma verdadeira transmutação de valores, causada em parte por um rebaixamento da dignidade do amor e por uma supervalorização degradante do sexo.

A este fenômeno se refere o historiador José Orlandis de maneira muito clara: «Parece que nestes momentos a vida do mundo denota um aspecto que deve ser avaliado como novo pela sua difusão e gravidade: a degradação do amor humano e uma avalanche de impureza e sensualidade que se abateu sobre a face da Terra. É uma forma de rebaixamento do homem que afeta a intimidade radical do seu ser no que há de mais nuclear na sua personalidade e que, pela extensão que alcançou, deve ser considerada como um fenômeno histórico sem precedentes».*

Por outro lado, observa-se em alguns setores do cristianismo – que sempre se caracterizou por uma clara delimitação de fronteiras no terreno moral – um clima de ambiguidade e indefinição realmente notável. E nesse lusco-fusco de verdades crepusculares – um «sim» que não é «sim», um «não» que parece um «talvez» –, vão medrando o desconcerto e a perplexidade.

Adotamos o método de perguntas e respostas precisamente porque nos obriga, por assim dizer, a ser límpidos, meridianamente claros. Poderia parecer um método redutivo e empobrecedor, porque uma resposta demasiado concisa rouba riqueza ao pensamento e simplifica problemas que são de per si altamente complexos. Mas, ao mesmo tempo, possui a vantagem de marcar posições nítidas, de discernir a fronteira entre a verdade e o erro, de estabelecer definições.

(*) Cf. José Orlandis, *Las ocho Bienaventuranzas*, Eunsa, Pamplona, 1982, págs. 114-115.

O método tem a limitação e a grandiosidade que tem toda a definição. Contudo, sempre é necessário definir, porque da definição sai a luz, assim como a saúde parte de um claro diagnóstico. No nosso meio crescem, como colônias de cogumelos, esses espécimes cinzentos de verdades incompletas e de afirmações ambíguas; e às vezes, infelizmente, encontramos essa ambiguidade até em ambientes especificamente religiosos. Parece que há medo de falar com clareza; fazem-se concessões que o Magistério da Igreja nunca fez; «barateiam-se» as exigências morais para não afastar as pessoas ou perder adeptos, ou, melhor, por temor de se receber a alcunha de «duro», «intransigente», «quadrado», «ultrapassado», «pouco arejado»...

*Por outro lado, há pessoas que tendem a questionar tudo, a submeter tudo a uma espécie de «dúvida metódica», à Descartes. O Papa Paulo VI referia-se a esse fenômeno ao afirmar: «A dúvida – parece estranho dizê-lo neste nosso século iluminista, orgulhoso e seguro das suas conquistas científicas – é uma doença contagiosa e bastante difundida no pensamento especulativo, e por isso também no pensamento religioso do nosso tempo [...]. O estado mental de dúvida converteu-se em algo comum e mesmo de moda hoje em dia, como uma elegante modéstia do pensamento, satisfeito mais com opiniões do que com a verdade e disposto a substituir empiricamente as exigências lógicas de uma doutrina segura pelos lugares-comuns da mentalidade corrente: daí que produza efeitos graves e imprevisíveis»**.*

Essas mesmas pessoas surpreendem-se de que haja ambientes religiosos em que se fale de uma maneira clara de temas

(**) Papa Paulo VI, *Alocução*, 13-11-1974.

que para eles são «questionáveis». Acham isso «pouco honesto», «artificial», «excessivamente contundente». E não deveriam surpreender-se, porque essas verdades – como a afirmação do celibato eclesiástico, da castidade conjugal, da não aceitação do divórcio, dos anticoncepcionais, das relações pré-matrimoniais, da masturbação, etc. – nunca foram verdades «questionadas» pela Igreja, mas sempre confirmadas explicitamente.

Isso porque o «questionamento», a dúvida, não é o destino da inteligência humana; é uma situação de passagem, pois temos de alicerçar a nossa personalidade em fundamentos sólidos, não em enunciados ambíguos. Quando um médico está convencido de que determinado tratamento pode salvar a vida de um ente querido, não permite que o tratamento seja aplicado timidamente, de forma incompleta; vai a fundo! Da mesma forma, não se pode falar da verdade de Deus de maneira morna, melancólica, insegura. As verdades do cristianismo apoiam-se na própria autoridade de Deus que revela e que não pode enganar-se nem enganar-nos. Ele nunca quis deixar-nos entregues a um estado nebuloso, indefinido, de dúvidas e incertezas.

Que querem esses cristãos que têm obrigação de transmitir as verdades eternas, as únicas verdades que levam à saúde espiritual? Sacrificar as certezas do Magistério da Igreja às suas dúvidas particulares? Dizer meias-verdades, deixando que as almas se arrastem nas suas enfermidades espirituais, numa situação de meia saúde, de meia vida e de meia morte? Permitir que o metabolismo espiritual dos que lhes pedem critério fique condenado a uma fraqueza e languidez crônicas, que a sua ofegante respiração sobrenatural mal lhes consinta oxigenar o seu organismo? Que deseja esse tipo de pessoas:

deixar as almas oscilarem entre um pouco de verdade e um pouco de erro? Entre um pouco de pecado e um pouco de virtude? Entre um pouco de vida e um pouco de morte?(***)

Compreenderemos assim que, nas respostas formuladas aqui, existam verdades que parecem cortantes, impositivas, duras ou excessivamente explícitas, ou que poderiam ser mais suaves, mais matizadas... Mas é que neste tema, como vimos, não se podem conciliar os dois estilos diferentes de exposição; é preciso optar por um ou por outro, pois a concisão e a clareza têm o seu preço, como o têm também as esfumaturas e os circunlóquios. Nós tivemos que pagar o preço da nitidez e por isso pedimos ao leitor um juízo benigno e compreensivo, e que tenha em conta que foi necessário usar uma linguagem clara, já que mais clara – até brutal e autoritária – é toda a apologia do sexo explícito que se faz através de muitos meios de comunicação.

Contudo, a verdade que quisemos proclamar está muito longe de qualquer laivo autoritário ou negativo. Quando dizemos «não» a determinado comportamento, é porque quisemos dizer «sim» a valores mais elevados. Como a corrente sanguínea, canalizada nas artérias, diz «não» ao derrame anárquico e mortífero para dizer «sim» à vida que o coração impulsiona e as artérias distribuem.

O que no fundo quisemos comunicar – e que na realidade constitui o cerne e a coluna vertebral destas páginas – é a luminosa afirmação de uma capacidade sexual que jubilosamente se expande no amor, como o sangue a partir do coração.

(***) Cf. Rafael Llano Cifuentes, *Vidas sinceras*, Quadrante, São Paulo, 1992, págs. 43-45.

Mas para isso é necessário construir paredes, definir perfis, trazer à superfície, à claridade do sol, aquilo que está submerso no clima turvo da ignorância, da imprecisão, da meia-verdade perdida talvez no ambiente difuso de um subconsciente amorfo, manipulado pelos meios de comunicação.

*Já no século II, Santo Irineu dizia, com uma portentosa clarividência histórica, que «expor com clareza os sistemas de pensamento errado é vencê-los, assim como arrancar uma fera das selvas e trazê-la para a luz do dia é torná-la inofensiva»*****.

Este foi o nosso desejo ao escrever o presente livro: trazer à claridade transparente o que estava escondido numa floresta de equívocos. Um desejo que é como um eco perdido daquele suspiro nostálgico de Goethe na sua prolongada agonia: «Luz, mais luz»... Se conseguirmos iluminar com a luz da razão e da Revelação os contornos obscuros de algumas verdades, dar-nos-emos por muito satisfeitos. Mas, se ao mesmo tempo conseguirmos – de acordo com o pensamento de São Paulo – iluminar a verdade com a caridade, com fraternal compreensão, com cordialidade humana, então a satisfação se transformará em júbilo.

† Rafael Llano Cifuentes
Bispo Auxiliar do Rio de Janeiro

(****) Cit. por Daniel-Rops, *A Igreja dos Apóstolos e dos Mártires*, Quadrante, São Paulo, 1988, pág. 291.

I
Amor e sexo

1. Que significado tem a palavra *amor*?

A palavra *amor* tem um significado polivalente, tão difícil de definir que já houve quem dissesse que amor é o que se sente quando se ama, e, se se pergunta o que se sente quando se ama, só é possível responder: amor.

Este círculo vicioso deve-se precisamente à incapacidade de identificar as características que determinam a sua essência. E por isso que se tem escrito tanto acerca dele:

«O amor é algo muito complexo e de conteúdo variado e equívoco – afirma Gregorio Marañón –; chama-se amor a muitas coisas que são muito diferentes, ainda que a raiz última seja a mesma»[1]. «Amar é um verbo transitivo – diz o psiquiatra Enrique Rojas –: tem um objeto que vai além de si mesmo, que aponta na direção do bem que procuramos»[2]. E o filósofo e matemático Leibniz: «Amar quer dizer sentir-se inclinado a alegrar-se com a perfeição e o bem do outro, com a sua felicidade»[3]. E, por fim, o conhecido pensador Hegel: «A verdadeira essência do amor consiste em esquecer-se no outro»[4].

2. Apesar da complexidade de que a palavra amor se reveste, não se poderiam destacar alguns dos seus aspectos mais importantes?

Apesar dessa complexidade, podemos mencionar algumas das acepções mais relevantes:

1º Genericamente, a palavra *amor* designa uma vasta gama de relações interpessoais de afeto e proximidade entre os seres humanos. Fala-se do amor do pai e da mãe pelo filho e vice-versa; do amor por um irmão, por um parente, por um amigo, etc.

2º Também se usa o termo em relação a entidades coletivas ou comunidades, como a pátria ou a Igreja.

3º De forma eminente, fala-se do amor a Deus e do amor de Deus.

4º A palavra adquire uma conotação muito específica quando se designa a relação de proximidade, afeição e ternura entre dois seres humanos de sexos diferentes, precisamente enquanto seres sexuados.

Quando nos referirmos nestas páginas ao termo *amor*, fá-lo-emos geralmente para designar esta última acepção, e não, como se faz erroneamente com frequência, para aludir unicamente ao aspecto sexual.

3. Entre aspectos tão variados, não seria conveniente definir a essência do amor humano? Como poderíamos determinar o que realmente se deve dar quando dois seres humanos se amam?

Sem querer entrar a fundo no aspecto filosófico da questão, poderíamos dizer que *a essência do amor de um ser humano por outro consiste na inclinação para ele e na intenção de estar unido a ele.*

Se a pessoa amada está ausente, produz o *desejo*; se se encontra presente e é possuída, gera a *alegria* na esfera psíquica, emocional, e *o prazer* na esfera corporal ou instintiva.

Quando este amor chega à fronteira da sua perfeição, aquele que ama comporta-se a respeito da pessoa amada como o faz consigo próprio: ama essa pessoa não porque lhe provoca alegria ou prazer, mas pelo valor que ela tem em si mesma. Não é um movimento egocêntrico e interesseiro, mas uma entrega sacrificada à realização do ser amado.

Quem ama verdadeiramente busca a união com o amado. Aristóteles cita uma frase de Aristófanes segundo a qual *os amantes desejam de dois fazer-se um só*, como se o amado estivesse na pessoa que ama e esta naquele[5].

A consumação do amor consiste em viver na pessoa amada mais do que em si mesmo; a pessoa amada é como um outro eu: vive-se dela e para ela; deseja-se ser transformado nela. É o que poderíamos chamar o *êxtase* do amor.

Nada melhor do que o amor a Deus para expressar este êxtase transformante. E ninguém melhor do que São João da Cruz para expressá-lo, designando Deus por «Amado» e a alma por «amada»:

Ó noite que guiaste!
Ó noite mais amável que a alvorada,
Ó noite que juntaste
Amado com amada,
Amada no Amado transformada.

Aqui percebe-se claramente que o amor se funde com a felicidade. O homem deseja amar porque deseja a felicidade, e deseja a felicidade porque deseja o amor. E *Deus é amor!* (1 Jo 4, 8).

4. Que expressão tem essa ideia do amor no que diz respeito especificamente ao amor conjugal?

Ainda que venhamos a responder a esta pergunta de forma extensa ao dedicar-lhe um capítulo inteiro, convém ter presente desde já a doutrina que o Concílio Vaticano II oferece a este respeito:

> O Senhor, por um dom especial da sua graça e da sua caridade, dignou-se purificar, aperfeiçoar e elevar este amor [o amor entre os cônjuges]. Tal amor, que junta ao mesmo tempo o divino e o humano, conduz os esposos a um livre e mútuo dom de si mesmos, demonstrado na ternura de obras e afetos que penetra toda a sua vida; mais ainda, aperfeiçoa-se e aumenta com o seu generoso exercício. Daí que seja muito superior à mera inclinação erótica, que, cultivada de forma egoísta, desaparece rápida e miseravelmente[6].

5. Em que termos o cristianismo encara o amor?

Em termos da mais alta significação:

1º Em primeiro lugar, Deus se define como amor, como acabamos de ver (1 Jo 4, 8).

2º Depois, a Sagrada Escritura declara que Deus nos criou *à sua imagem e semelhança* (cf. Gen 1, 26 e segs.)

e, portanto, nos fez *capazes de amor*: não só de amar, mas do seu Amor. João Paulo II diz que «Deus chamou o homem à existência *por amor* e o chamou ao mesmo tempo *ao amor*»[7].

3º Assim se entende que, em última análise, o Senhor tenha considerado o amor como o mandamento supremo: *Amar a Deus sobre todas as coisas e ao próximo como a nós mesmos.*

6. Que significação tem a diferença de sexos para o cristianismo?

A diferença de sexos foi incluída no plano de Deus no próprio momento da criação do homem: *Deus criou o homem à sua imagem; criou-o à imagem de Deus, criou o homem e a mulher*; *Deus os abençoou*: «*Frutificai, disse Ele, e multiplicai-vos, enchei a terra e submetei-a*» (Gen 1, 27).

Não é bom que o homem esteja só; *dar-lhe-ei uma auxiliar que lhe seja semelhante* [...]. *Por isso deixará seu pai e sua mãe para unir-se à sua mulher*, *e serão os dois uma só carne* (Gen 2, 19-24).

7. Que atitudes errôneas existem a respeito do amor?

Existem muitas atitudes errôneas, que poderíamos sintetizar em duas fundamentais e antagônicas; em cada uma delas poderemos enquadrar muitas outras variantes de que iremos falando ao longo destas páginas.

A primeira é a do *hedonista* – ou sensual –, cuja principal aspiração é que o sexo lhe proporcione o maior prazer possível: a capacidade sexual é para ele, primordialmente, capacidade de prazer; o que justifica aos seus olhos a prática sexual é o prazer que lhe causa, e por isso não tem que submeter-se a regras nem prestar contas dos seus atos sexuais a ninguém, nem ao próximo nem a Deus: o assunto é pessoal, compete-lhe unicamente a ele. Esta atitude dá-se entre os *playboys*, os «farristas», as moças «de vida fácil», os desquitados ou divorciados que vão em busca de novas aventuras, e sempre entre os egoístas irresponsáveis.

A segunda atitude errônea é a do *puritano*, daquele que pensa que o sexo é baixo e feio. É uma atitude infeliz, adquirida geralmente na primeira idade, em consequência de uma educação errada ministrada pelos pais e mestres. No desejo de formar os jovens na pureza, incute-se-lhes a ideia de que as partes íntimas, os órgãos sexuais, são maus e vergonhosos, em vez de lhes ensinar que são maravilhosos dons de Deus, destinados a unir o homem e a mulher através do amor conjugal e a gerar os filhos.

8. Então, qual deve ser a atitude certa em relação ao sexo?

A atitude certa é considerar o sexo uma grandiosa obra de Deus. O sexo é por natureza bom, santo, sagrado. Só se torna mau, vil e pecaminoso quando é deslocado para fora do âmbito da paternidade potencial e do matrimônio. Como diz Leo Trese, autor da *Fé explicada*: «O poder de procriar e os órgãos genitais não trazem o estigma do mal; o mal provém da vontade pervertida, que os desvia dos seus fins, que os usa como mero instrumento de prazer e satisfação, como um bêbado que se empanturra de cerveja, sorvendo-a de um cálice consagrado para o altar.

«O exercício da faculdade de procriar pelos esposos (os únicos a quem cabe esse exercício) não é nenhum pecado, como também não o é procurar e desfrutar do prazer do abraço conjugal. Pelo contrário, Deus uniu a esse ato um grande prazer físico para garantir a perpetuação da espécie humana. Se não surgisse esse impulso de desejo físico nem houvesse a gratificação do prazer imediato, os esposos poderiam mostrar-se renitentes em usar essa faculdade dada por Deus, ante a perspectiva de terem que enfrentar as cargas de uma possível paternidade. O mandamento divino: *Crescei e multiplicai-vos* poderia frustrar-se. Sendo um prazer dado por Deus, desfrutar dele não é um pecado, mas um bem para o esposo e para a esposa, sempre que não se exclua dele, voluntariamente, o fim divino»[8].

9. Se o impulso sexual é algo natural, por que se diz então que é necessário tomar cuidado, afastar-se das «tentações», lutar contra as «tentações»? Não são essas «tentações» simplesmente o resultado de um instinto natural que não deve ser reprimido?

Habitualmente, quando se fala em «tentações» não se alude a uma inclinação para algo puramente *natural*, mas para um *desvio dos fins da natureza.* Com frequência, o prazer sexual pode converter-se para as pessoas numa pedra de tropeço. Deus dotou o homem de uma forte atração sexual precisamente para incentivá-lo a exercer o poder generativo, como acabamos de ver. Mas, em virtude do pecado original – que introduziu a desordem do egoísmo no coração humano –, o controle perfeito que a razão deveria exercer sobre o corpo e os seus desejos está seriamente debilitado: o veemente impulso da carne – rebelde e desordenado –, a procura do prazer, tende a prescindir dos fins para os quais Deus o destinou – a consumação do matrimônio –, e assim surge um grave perigo de desvio «anti-humano», uma «tentação». E é precisamente por isso que se diz que é necessário lutar contra as «tentações».

10. Pode-se definir a opinião da Igreja sobre o sexo?

Repetindo os conceitos anteriores, podemos dizer que, aos olhos de Deus e, portanto, para a Igreja, o sexo é:

1º um dom do Criador que inclina o homem e a mulher a unirem-se através do amor conjugal e que permite a perpetuação da espécie humana por meio da relação sexual;

2º um dom necessário para a formação da família, célula base da sociedade, que propicia o ambiente adequado para o crescimento e a educação dos filhos;

3º um dom, enfim, que é fonte de união entre os esposos, de amor e de vida.

Por todas estas razões, é algo extraordinariamente bom, que se deve agradecer à suma bondade de Deus.

11. Podem-se especificar mais amplamente as finalidades do instinto sexual segundo o plano de Deus?

Todos os instintos têm como que duas finalidades, uma imediata e outra mediata ou final. O instinto alimentar, por exemplo, satisfaz primeiro o apetite, o gosto de comer, a fome, mas não é esta a sua finalidade última: a sua finalidade última é a preservação do organismo, a nutrição do nosso corpo. Quando uma pessoa come em excesso unicamente para satisfazer o apetite, o prazer de comer prejudica-lhe a saúde, desvirtua a finalidade última do instinto. Por isso, a gula é um pecado; não é pecado por permitir experimentar o prazer da comida – nunca uma coisa é pecado *só* porque é um prazer –, mas por subverter a ordem do instinto alimentar, pondo o prazer acima da função nutritiva. A história da decadência do povo romano diz-nos que era tal a desordem dos seus instintos que, ao lado das salas de jantar, havia um lugar chamado *vomitorium*, onde se provocava o vômito para depois continuar a comer, coisa que nos repugna profundamente.

Pois bem, com o instinto sexual acontece o mesmo. Satisfaz primeiro o apetite, o prazer sexual, depois consegue a união dos corações e dos corpos e, por último, a junção das células masculina e feminina, do espermatozoide com o óvulo. Há uma sequência perfeita. Deus concedeu-nos a atração sexual para cumprirmos uma nobre finalidade: o amor e, em decorrência, o nascimento de uma nova vida humana.

A pureza do amor sexual consiste precisamente na sua integridade. Não se pode separar o aspecto unitivo – a relação afetiva e sexual – do aspecto procriador, como diz a Encíclica *Humanae Vitae*[9]. Quando se procura apenas o prazer pelo prazer – como, por exemplo, através da masturbação, das relações homossexuais, das relações conjugais anormais ou daquelas em que se usam anticoncepcionais –, está-se agindo de maneira antinatural.

A relação sexual nestes casos não é pecado por provocar o prazer, mas por subverter a ordem divina, colocando o prazer acima da função procriadora ou desvirtuando-a. Aqui reside também uma das causas da decadência da nossa sociedade consumista e hedonista: procura-se o prazer sexual a todo o custo, provocando o aviltamento do ser humano. As desordens na ordem sexual não são menos abjetas do que as dos banquetes orgiásticos da decadência romana.

12. Podem-se esclarecer melhor as finalidades dessa diferença de sexos segundo o plano criador de Deus?

Como se vê pelos textos citados anteriormente, são duas:

1º A procriação e educação dos filhos (*Crescei e multiplicai-vos*).

2º O bem dos cônjuges, que compreende o amor, a satisfação sexual, a complementação das personalidades, a ajuda mútua, etc. (*E serão dois numa só carne*).

13. Estas finalidades estão separadas?

Não. Estas finalidades estão unidas. Deus concedeu ao homem a atração sexual para que realizasse dentro do matrimônio os atos de união e estes, por sua vez, estivessem abertos à possibilidade de procriação, sem excluí-la, portanto, de modo antinatural.

14. É possível explicar mais detalhadamente esta vinculação entre a relação sexual e a procriação?

Sem dúvida. Há muitos dados científicos que corroboram esta vinculação.

A sociologia, a psicologia, tanto quanto a genética, falam-nos do imenso e fortíssimo impulso de atração entre o homem e a mulher, um impulso amoroso que se plenifica física e afetivamente na relação sexual. E essa relação sexual e os seus mecanismos misteriosamente lúcidos, inconscientemente sábios, levam à união do espermatozoide com o óvulo. A mobilidade, a «agressividade», a vitalidade do espermatozoide é algo que admira os cientistas. Em cada emissão de sêmen provocada pelo ato sexual estão contidos de 300 a 400 milhões deles, que disputam com notável versatilidade e energia a fecundação do óvulo. Avançam impreterivelmente para a cavidade uterina, atacando o óvulo com uma substância dissolvente – a hialuronidase – a fim de penetrarem na célula feminina. Só um dentre esses milhões sai vitorioso[10].

Este esbanjamento de vida, este esforço incrível da natureza, esta sábia capacidade de penetração e fecundação é apenas uma imagem biológica do que significa o amor conjugal. Com a mesma força inconsciente com que o espermatozoide procura o óvulo, o homem procura conscientemente o amplexo íntimo com a mulher.

Pois bem, toda a ruptura artificial desse grande encontro representa uma frustração profunda da natureza. Hoje é fácil ouvir falar de «equilíbrio ecológico», de «preservação das forças da natureza», mas é difícil ouvir comentar que a ruptura da sequência natural do ato conjugal constitui, mais do que um «desequilíbrio ecológico», um verdadeiro atentado contra o que há de mais sagrado na natureza: a fonte da própria vida humana.

15. Mas por que se desvincula com tanta frequência a relação sexual da fecundação?

Essa desvinculação entre a relação sexual e a sua consequência natural, que é a fecundação, deve-se, como é óbvio, ao desejo de fruir do deleite sexual fugindo do seu resultado natural. Pretende-se – como diz o trocadilho clássico – o «bônus» e não o «ônus». Procura-se o prazer e rejeitam-se as responsabilidades inerentes.

Já falamos disto, mas é bom recordá-lo: Deus pôs em cada instinto um «incentivo» para que o homem o exercesse com maior gosto, a fim de se cumprirem melhor as suas finalidades; mas, pela desordem introduzida pelo pecado original e pelos pecados pessoais, o homem e a mulher tendem a procurar esse «incentivo» em si, isto é, a procurar e a multiplicar o prazer pelo prazer, desvirtuando a sua finalidade.

O prazer da relação sexual é um atrativo colocado por Deus para conseguir não propriamente a conservação do indivíduo, mas a perpetuação da espécie humana. Quando se tenta alcançar e multiplicar esse prazer excluindo por princípio a procriação, pode-se cair nas maiores depravações sexuais.

O que une o homem e a mulher – o ato conjugal – deve ter capacidade para unir também o espermatozoide e o óvulo. Assim – repetimos com a *Humanae Vitae* –, «salvaguardando esses dois aspectos essenciais, o unitivo e o procriador, o ato conjugal conserva integralmente o sentido do amor mútuo e verdadeiro e a sua ordenação para a altíssima vocação do homem à paternidade»[11]. Esta é a razão pela qual todos os métodos *anticoncepcionais* são ao mesmo tempo *antinaturais*.

16. Por que se diz que o ato sexual só se deve realizar dentro do matrimônio?

Porque o matrimônio é, por definição, a união «de um com uma e para sempre», e é assim a única instituição capaz de dar ao amor mútuo e à educação dos filhos a grandeza, a maturidade e a estabilidade que exigem.

Com efeito, o aperfeiçoamento, o progresso e o aprofundamento do amor propriamente humano exigem uma continuidade que está acima das flutuações e mudanças do sentimento ou dos passageiros percalços da vida em comum, e a educação dos filhos também pede que, pelo menos até superada a adolescência, os pais permaneçam unidos.

17. Por que só o matrimônio é capaz de dar essa estabilidade?

Porque só o matrimônio traz consigo um compromisso de permanência, de acordo com as exigências da natureza humana e as normas ditadas por Cristo no Evangelho: *Não separe o homem o que Deus uniu* (Mt 19, 3-9).

18. A Igreja manifestou-se de forma explícita nesse sentido?

A Igreja tem repetido essa doutrina de Cristo ao longo de vinte séculos, tal como a vemos resumida na Declaração *Persona Humana*, da Sagrada Congregação para a Doutrina da Fé: «O uso da função sexual não tem o seu verdadeiro sentido e a sua retidão moral senão no matrimônio legítimo»[12].

O Novo Catecismo da Igreja Católica, publicado em 1993, enriquece essa ideia: «A sexualidade está ordenada para o amor conjugal entre o homem e a mulher. No casamento, a intimidade corporal dos esposos torna-se um sinal e um penhor de comunhão espiritual. Entre os batizados, os vínculos do matrimônio são santificados pelo sacramento» (n. 2360).

19. Que importância tem o sexo na personalidade humana?

O sexo desempenha um papel importante na personalidade humana. Não se limita à diferente configuração dos órgãos genitais masculino e feminino, mas estende-se a toda a personalidade: não há uma só célula no organismo humano que não seja masculina ou feminina; não há um único gesto, atitude ou sentimento que não seja masculino ou feminino.

Essa diferenciação abrange, pois, todo o modo de pensar, de amar e de agir: a psicologia inteira. Daí a importância do sexo na personalidade humana.

20. Com base nessa importância, alguns sustentam, como Freud, que o sexo é o fator mais importante da personalidade humana e que tudo deve ser interpretado através desse prisma. Por acaso isso é verdade?

A teoria «pansexualista» (tudo é sexo) já foi cientificamente ultrapassada e hoje, nos meios autenticamente científicos, está «enterrada». Essa «inflamação» do sexo, como a denominava Jung, principal discípulo de Freud, deforma a personalidade humana.

Esta não pode ser interpretada unicamente – nem principalmente – com base nessa perspectiva. Como afirmava também Jung, partir de semelhante perspectiva seria o mesmo que pretender estudar a catedral de Colônia com base apenas na mineralogia, já que esse monumento foi construído com pedras. Todo o ser humano está constituído sexualmente, mas é muito mais do que sexo, como uma catedral é muito mais do que pedra.

Há no ser humano uma dignidade, uma grandeza que supera a carne, as glândulas e os hormônios. A nossa personalidade não está condicionada pelos instintos, como acontece com os animais. O homem não pode ser equiparado a um cachorro e a mulher a uma cadela. No homem, há uma dimensão racional e espiritual que ultrapassa qualquer reducionismo material, somático ou sexual.

A fenomenologia e a análise existencial puseram de manifesto quanto havia de dogmatismo e erro crasso na teoria freudiana. Assim o explicitaram filósofos como Bergson, Husserl, Max Scheler, Gabriel Marcel, Merleau-Ponty e psiquiatras de linhas variadas como Kretschmer, Von Gebsattel, Allers, Frankl, Binswanger e Boss.

21. Alguns identificam o sexo, o corpo, a matéria como algo contrário ao espírito, como algo que procede de um princípio mau. Como encarar essa opinião?

Essa opinião corresponde a uma mentalidade herética, «maniqueísta», «dualística», que estabelece duas origens diferentes na composição do mundo: o princípio do bem, do espírito, que é Deus, e o princípio do mal, da matéria, que é o demônio.

Nós sabemos pela Revelação que existe um só princípio: o princípio do bem, que é Deus. O demônio é um anjo bom que se rebelou por orgulho contra Deus, e o mal nasceu dessa rebelião do demônio e dos nossos primeiros pais que, também por orgulho, cometeram o pecado original.

O instinto sexual procede de Deus e é essencialmente bom, mas está sujeito à desordem egoísta do pecado original, como todos os outros instintos.

22. Insiste-se, porém, em que essa mentalidade maniqueísta ainda subsiste no mundo e na Igreja sob a forma de tabu: o sexo é «mau» e deve ser evitado. Que dizer a este respeito?

A História mostra que a Igreja sempre dignificou o amor humano, e além disso Cristo elevou o matrimônio natural – que inclui as relações sexuais entre marido e mulher – à dignidade de sacramento. O cristianismo, no entanto, também insistiu sempre na necessidade de ordenar o instinto sexual, como qualquer outro instinto. Isso não é tabu; é domínio de si próprio, maturidade.

Hoje, aliás, o tabu *social* que existia contra o sexo desapareceu. A pornografia, a sociedade de consumo, a dissolução dos costumes, apresentam o sexo como cartaz comercial e passarela de Carnaval. O tabu agora, paradoxalmente, passou a ser a castidade: a castidade é objeto de vergonha, oculta-se e combate-se.

O tabu dos nossos dias não é o sexo, mas a pureza de vida, que é um mandamento evangélico e um anseio profundo da alma. O «tabu» de outrora foi substituído por um «antitabu», novo e agressivo.

23. Pode-se dar algum exemplo desse «antitabu»?

Um exemplo, entre vários, é o da moça que tem vergonha de dizer que é virgem ou o do rapaz solteiro que esconde o fato de nunca ter tido relações sexuais.

A pressão da sociedade é tão grande que há moças que pensam que um rapaz não vai gostar delas por serem virgens. Ignoram que a maioria dos homens prefere casar-se com uma mulher virgem. A propaganda do «antitabu», feita por moças solteiras que perderam a virgindade ou por rapazes que desejam aproveitar-se das moças virgens, é de tal ordem que muitas entregam a sua virgindade num lance qualquer do namoro, sem perceber que a virgindade é comumente estimada, tanto entre cristãos quanto entre pagãos, como uma qualidade que gostariam de ver na sua futura esposa.

24. Há, contudo, pessoas que ainda persistem em afirmar que dominar o sexo é reprimi-lo, recalcá-lo, o que acarretaria sérios problemas psicológicos. Que pensar a respeito dessa mentalidade?

Devemos pensar que recalcar algo que é bom não deixa de ser reprovável. Não devemos recalcar os sentimentos nobres que nos elevam; não devemos recalcar o amor que nos abre à plenitude; renunciar a amar é renunciar a ser: é um autêntico suicídio. Mas não se recalca o que se *canaliza* e *ordena.* A castidade não é como as barragens que bloqueiam o rio, mas como as suas margens, que permitem às águas evitar a imobilidade do pântano e correr límpidas até o mar, onde se aprofundam e dilatam.

Dominar o instinto sexual é como dominar a tumultuosa torrente de um rio de montanha, evitando o seu terrível poder de destruição e permitindo que as suas águas sirvam para mover as turbinas geradoras de energia, iluminar as cidades e fertilizar os campos. O sexo, quando não controlado, destrói os corpos e as almas, os matrimônios e os lares, as famílias e toda a sociedade. Quando bem conduzido, porém, dilata os corações e fecunda os lares.

A castidade, por isso, não é algo negativo – repressão ou recalque –, mas, pelo contrário, a potencialização do amor; algo extremamente positivo. Nas primeiras décadas do século XX, começou-se a propalar a ideia de que essa virtude poderia recalcar o sexo, tornando o homem neurótico. As pesquisas dos últimos anos confirmam algo diferente: num mundo em que a libertinagem e a permissividade sexual alcançaram níveis muito altos, o homem mostra-se cada vez mais imaturo e neurótico. Não é a castidade que provoca a neurose, mas sim a falta do sentido certo da sexualidade, do amor, da vida e da morte.

25. Hoje, fala-se muito em «realização sexual». Que valor tem essa expressão, e como devemos entendê-la?

A «realização sexual» não pode ser entendida isoladamente, de modo absoluto. Ninguém falaria, por exemplo, em «realização estomacal». Ela está inserida na realização humana completa, integral. Isto é, deve manter a devida proporção e interligar-se com as outras dimensões do ser humano: a afetiva, a racional e a espiritual.

No homem, até a função mais biológica, animal ou sensitiva, está impregnada de afetividade, de racionalidade e de espiritualidade, porque o homem é uma unidade psicossomática. Quando a prática do sexo exclui essas dimensões, o homem desce a um nível mais baixo que o dos animais. Nos animais, não há relações antinaturais; no homem, sim.

Ainda que fisicamente o homem e a mulher possam ter uma relação puramente sexual – como macho e fêmea –, essa relação nunca será propriamente humana. Quando o homem trata a mulher como simples objeto de prazer, ou vice-versa, isso constitui uma deturpação da própria natureza humana. A repressão da dimensão afetiva e espiritual gera sentimentos de culpa, de subestimação, de náusea, etc. – mesmo entre os não-cristãos –, que levam à neurose.

A integração do sexo numa verdadeira antropologia exige que se verifiquem quatro dimensões essenciais: a dimensão *sexual-generativa*, a *afetiva*, a *racional* e a *espiritual.* Só quando se dá essa integração é que se encontra o caminho de uma plena *realização pessoal.*

26. Mas o prazer sensual não leva à felicidade?

Não. Mais ainda, a sensualidade, o prazer desordenado da sensibilidade, não só não dá felicidade como provoca frustração. Acabamos de ver que, neste caso, não se pode falar de «realização» sexual, porque a atividade sexual é uma parte de um todo: quem se «realiza», quem é feliz é a *pessoa* integralmente considerada. A satisfação sexual é *relativa* e está inserida numa ordem e subordinada a uma finalidade mais elevada. Quando o homem a *absolutiza*, quando a procura como um fim em si, acaba frustrado; e a frustração gera tristeza. É uma realidade até empírica, experimental.

27. Que devemos pensar então dessa invasão sexual que domina os costumes, a vida social, os meios de comunicação, os jornais e a televisão?

Devemos pensar que, assim como há muitos que querem difundir o bem, há muitos outros extremamente empenhados em difundir o mal. É a luta constante entre a luz e as trevas de que nos fala o Evangelho.

Nessa luta, um cristão não pode deixar-se enganar; tem que ter maturidade suficiente para manter-se firme nos seus princípios morais e viver com a dignidade que lhe cabe como filho de Deus.

28. A doutrina da Igreja sobre o sexo não representa uma ideologia fechada, ultrapassada, fora de moda, contrária ao clima cultural da nossa época permissivista, libertária e hedonista?

Não nos podemos esquecer de que o mundo cultural anterior à vinda de Cristo era tão hedonista e permissivista como o atual. O cristianismo não se deixou levar por essas correntes, mas transformou-as. Representou realmente uma libertação da decadência moral que conduziu à ruína o Império Romano. As orgias romanas e a imoralidade pública, que provocaram o enfraquecimento e o quase desaparecimento do matrimônio e da família, eram um verdadeiro dissolvente dos melhores valores humanos. A doutrina evangélica restaurou esses valores, mudando o sentido da História. Significou um verdadeiro impacto, um fortíssimo revulsivo purificador. Precisamente por isso – por ter caminhado na contramão de um processo histórico regressivo – é que veio a reverter o quadro da decadência.

O mesmo acontece na época atual. Poderemos pensar, por acaso, que constitui um progresso esse permissivismo que leva à difusão da pornografia e das drogas, à corrupção dos jovens e à deturpação do espírito familiar? O que é atual não é bom por ser atual. Existem processos evolutivos e também processos involutivos, regressivos. Quem pensa que deve colocar-se a favor dos ventos da moda, sem fazer as devidas distinções entre o que é bom e o que é mau, não tem discernimento. Quem está a favor da «moda» paga da nossa época está, ao mesmo tempo, a favor da decadente «moda» pré-cristã; não é progressista; é simplesmente retrógrado.

29. Que representam, então, os avanços da ciência da sexualidade e as conquistas alcançadas pela chamada «revolução sexual»?

A ciência da endocrinologia, a medicina psicossomática e o melhor conhecimento da sexualidade humana têm trazido um grande enriquecimento científico, mas, ao mesmo tempo, o excesso de informações desencontradas e irreconciliáveis aumentou a confusão e a perplexidade nesta matéria.

Ao lado deste fenômeno, aparecem outros menos nobres e científicos, como a *mercantilização do sexo*: o sexo se vende, se compra, se comercializa em forma de propaganda pornográfica. A pornografia aguçou o instinto, criando um condicionamento, uma verdadeira *dependência* sexual que incentiva o consumo.

A mercantilização do sexo é uma das mais lucrativas indústrias modernas. Da tolerância liberal foi-se caminhando para o permissivismo sexual, que converteu o mundo comercial num imenso laboratório e o homem numa cobaia. Daí chegou-se à *escravidão sexual*: a dependência do prazer leva à dependência do sexo e das drogas. Há no ser humano tanto mais liberdade quanto mais independência, e tanto menos independência quanto mais escravidão.

Paradoxalmente, a revolução sexual libertária trancafiou o homem na mais degradante escravidão sexual, que tem como cadeia a insaciável sede de prazer e como sequela a dissolução do matrimônio e da família, a «coisificação» da mulher, a violência e a agressividade erótica.

II
Anomalias sexuais

30. Concretamente, que manifestações sexuais podem desvirtuar a verdadeira finalidade do sexo?

Os principais desvirtuamentos são os seguintes:

1º a *fornicação*: relação sexual entre solteiros.

2º o *adultério*: relação sexual entre parceiros dos quais pelo menos um é casado.

3º a *masturbação*: provocação do orgasmo pela excitação dos órgãos sexuais próprios (chamado também «ato solitário»).

4º o *homossexualismo*: relações sexuais entre pessoas do mesmo sexo.

5º as *relações matrimoniais antinaturais*.

Estes desvirtuamentos têm uma denominação comum: a *luxúria*. «A luxúria – diz o novo Catecismo da Igreja Católica – é um desejo desordenado ou um gozo do prazer venéreo. O prazer sexual é moralmente desordenado quando é buscado por si mesmo, isolado das finalidades de procriação e de união» (n. 2351).

31. Que nos diz a psicologia a respeito desses desvios da sexualidade?

Em si mesmos, esses desvios são fenômenos morais e não psiquiátricos; constituem anomalias no comportamento que se deveria seguir para se viver a vida sexual de maneira verdadeiramente humana, e não sintomas de doença.

No entanto, como o ser humano é uma unidade de corpo e alma, um comportamento moralmente errôneo não deixa de refletir-se também na saúde mental de quem o pratica. Uma sexualidade desviada abre caminho às perturbações neuróticas, e por isso merece ser chamada «anômala». Nas palavras de uma das maiores autoridades da psiquiatria moderna, o Dr. Viktor Frankl, «quanto mais valor o homem e a mulher atribuem ao prazer, quanto mais veneram a vontade de prazer, ou quanto mais diretamente buscam o prazer – a mulher o orgasmo, o homem a potência –, nessa mesma medida tornam-se frígidos e impotentes. Estou inteiramente convencido – e aliás poderia prová-lo com facilidade – de que 90 a 95% de todas as anormalidades de potência ou de orgasmo se devem ao desejo e à reflexão excessivos acerca do ato sexual»[13].

32. Então é desviada uma relação em que se procura apenas a satisfação sexual?

Sim. Uma relação em que se procura apenas o prazer sexual não é propriamente humana; aproxima-se mais de um comportamento animal. O homem é uma unidade psicossomática, e por isso não se pode separar nele a afeição do sexo. Quando isso acontece, o consorte é considerado apenas como um objeto de satisfação, o que dá origem – em especial na mulher, que é geralmente mais afetiva – a uma frustração ou a uma revolta.

Aqui também se cumpre a frase do Senhor no Evangelho: *Que o homem não separe aquilo que Deus uniu* (Mt 19, 6). E Deus criou o sexo unido ao sentimento, e o sentimento unido ao espírito.

33. Que nos diz a Igreja a respeito da fornicação?

Uma vez que, de acordo com a ética cristã, a função sexual só adquire o seu verdadeiro sentido e a sua retidão moral quando exercida unicamente dentro do matrimônio legítimo, não pode haver a menor dúvida de que a fornicação – a relação sexual entre solteiros – é um pecado grave.

Com efeito, diz o novo Catecismo que a fornicação «é gravemente contrária à dignidade das pessoas e da sexualidade humana, naturalmente ordenada para o bem dos esposos, assim como para a geração e educação dos filhos. Além disso, é um escândalo grave quando há corrupção de jovens» (n. 2353).

34. E a respeito da união livre?

O que hoje se chama *união livre* é uma forma moderna de denominar uma modalidade de fornicação concubinária: «Existe união livre – diz o novo Catecismo – quando o homem e a mulher se recusam a dar uma forma jurídica e pública a uma ligação que implica intimidade sexual.

«A expressão é enganosa: com efeito, que significado pode ter uma união na qual as pessoas não se comprometem mutuamente e revelam assim uma falta de confiança uma na outra, em si mesmas ou no futuro?

«A expressão abrange situações diferentes: concubinato, recusa do casamento enquanto tal, incapacidade de assumir compromissos a longo prazo. Todas estas situações ofendem a dignidade do matrimônio, destroem a própria ideia da família, enfraquecem o sentido da fidelidade. São contrárias à lei moral. O ato sexual deve ocorrer exclusivamente no casamento; fora dele, é sempre um pecado grave e exclui da comunhão sacramental» (n. 2390).

«Muitos reclamam hoje – continua a dizer o mesmo Catecismo – uma espécie de "direito à experiência" quando há a intenção de casar-se. Qualquer que seja a firmeza de propósitos dos que se envolvem em relações prematuras, "estas não permitem garantir na sua sinceridade e fidelidade a relação de um homem e uma mulher, principalmente protegê-los contra as fantasias e os caprichos" (cf. CDF, decl. *Persona humana*, 7). A união carnal não é moralmente legítima a não ser quando se instaura uma comunidade de vida definitiva entre o homem e a mulher. O amor não tolera a "experiência". Exige uma doação total e definitiva das pessoas entre si» (n. 2391).

35. Trata-se exclusivamente de uma norma da Igreja?

De maneira nenhuma. Essa norma faz parte do Direito natural, isto é, do plano de Deus ao criar a natureza humana, que está e esteve presente em povos de todas as épocas e latitudes. Diz Jacques Leclercq, no seu clássico estudo *A família*: «Quase todos os pagãos – sejam gregos, romanos, chineses ou hindus – *exaltam e aconselham a castidade.* Alguns enaltecem a luxúria, como os sofistas e os cínicos gregos, mas não representam a corrente geral; são pensadores em reação contra as ideias comuns ou amantes do paradoxo. A opinião comum dos pensadores é a favor da castidade»[14].

A título de curiosidade, Confúcio, quinhentos anos antes de Cristo, estabeleceu num dos seus escritos «os mandamentos para destruir o país inimigo». O quarto mandamento era «fomentar a luxúria», entendendo-se por luxúria o uso do sexo como prazer e diversão, fora das suas funções naturais dentro do matrimônio.

A própria China, por causa da luxúria dos seus governantes, perdeu a condição de potência imperial. Mao Tse-tung escutou Confúcio e incorporou no seu «livro vermelho» o conselho do antigo sábio, condenando a luxúria para devolver ao país a sua disciplina laboriosa. A história humana mostra-nos que os povos que desrespeitam essa norma do Direito natural caem num processo de decadência, e a queda do Império Romano de que já falamos é apenas um exemplo.

36. E a prostituição?

A prostituição acrescenta à fornicação, por parte da pessoa que se prostitui, a agravante de fazê-la atentar contra a sua própria dignidade, reduzindo-se a uma mercadoria: o prazer venéreo que tem para oferecer. Quanto ao «consumidor» da prostituição, o Catecismo recorda-nos que também «peca gravemente contra si mesmo; viola a castidade à qual se comprometeu no seu batismo e mancha o seu corpo, templo do Espírito Santo» (n. 2355).

Como é evidente, cometem um pecado da mesma gravidade os pais ou parentes que, com uma miopia verdadeiramente gritante – quase sempre provocada por um «freudismo» primário –, aconselham ou levam um jovem a «iniciar-se no sexo com uma profissional».

37. Qual é a qualificação moral do adultério?

O adultério é um pecado grave por duas razões:

1º peca-se gravemente contra a castidade, já que o ato sexual se realiza fora do casamento;

2º peca-se também gravemente contra a justiça, porque se lesam os direitos do outro cônjuge, que tem um direito exclusivo sobre o corpo do marido ou da esposa nos atos próprios da vida conjugal.

O novo Catecismo diz assim a este propósito: «O adultério é uma injustiça. Quem o comete falta com os seus compromissos. Fere o sinal da Aliança que é o vínculo matrimonial, lesa o direito do outro cônjuge e prejudica a instituição do casamento, violando o contrato que o fundamenta. Compromete o bem da geração humana e dos filhos, que têm necessidade da união estável dos pais» (n. 2381).

38. Que dizer àqueles que são mais benignos com o adultério do marido e mais rigorosos com o adultério da mulher?

É preciso dizer-lhes que a dignidade do homem e a da mulher são iguais; que os direitos radicais do homem e da mulher são idênticos; que pensar de outra maneira significa lesar tanto os princípios do cristianismo como os direitos fundamentais do ser humano e, ao mesmo tempo, ressuscitar uma falsa mentalidade «patriarcal», «poligâmica», ou – como se diz habitualmente – «machista», que deveria ter sido sepultada há muito tempo.

39. Que conselhos se devem dar a alguém que tenha tido a fraqueza de cometer adultério?

Deve-se aconselhá-lo a tomar em consideração os seguintes aspectos:

1º Que o princípio evangélico: *Não faças aos outros o que não queres que te façam* (cf. Mt 7, 12), deve ser aplicado especialmente ao matrimônio: quem gostaria de ver o seu cônjuge manter relações sexuais com um terceiro?

2º Que a educação dos filhos e a sua estabilidade emocional exigem sempre um comportamento fiel. Os filhos veem no fundo de uma atitude adúltera uma deslealdade à família e uma traição conjugal. Muitos dos seus traumas e desajustes psicológicos provêm daí. *A infidelidade dos pais desestabiliza os filhos.*

3º Que a união entre marido e mulher representa no matrimônio cristão a união de Cristo com a sua Igreja. Adulterar essa união é adulterar o que há de mais sagrado.

4º Que é necessário procurar quanto antes a confissão sacramental e seguir os conselhos de um bom confessor.

40. Que diz a Sagrada Escritura da fornicação e das relações extraconjugais?

São Paulo afirma, a respeito desses desregramentos: *Não sabeis que os vossos corpos são membros de Cristo? Tomarei então os membros de Cristo para os fazer membros de uma prostituta? De modo algum! Ou não sabeis que aquele que se junta a uma prostituta se torna um só corpo com ela? Pois está escrito: «Os dois serão uma só carne». Pelo contrário, quem se une ao Senhor torna-se com Ele um só espírito.*

Fugi da fornicação. Qualquer outro pecado que o homem cometa é exterior ao seu corpo; aquele, porém, que se entrega à fornicação peca contra o seu próprio corpo! Ou não sabeis que o vosso corpo é templo do Espírito Santo, que habita em vós e que recebestes de Deus, e que, portanto, não vos pertenceis a vós mesmos? Porque fostes comprados por alto preço. Glorificai, pois, a Deus no vosso corpo (1 Cor 6, 15-20).

41. O que é a masturbação?

A masturbação é o prazer provocado pela excitação dos órgãos sexuais próprios, sem que exista nenhum contato com outra pessoa. É por isso que se chama significativamente *ato solitário*. Geralmente, é acompanhado por estímulos visuais, táteis e imaginativos.

42. Em que idade a masturbação se apresenta com mais frequência?

A masturbação apresenta-se com mais frequência entre os doze e os dezoito anos, mas também pode persistir até os trinta. A partir dessa idade, é menos frequente e, neste caso, revela uma personalidade imatura, centrada em si mesma. À medida que passa o tempo, o caráter anômalo desta prática torna-se mais grave.

43. Qual é a razão mais profunda para a prática habitual da masturbação?

«A razão mais profunda é em muitos casos a fuga, conflitiva e dolorosa, de uma existência para a qual não se encontra sentido. Entre jovens que fracassam no estudo e no trabalho, que vivem numa atmosfera de conflito, refugiando-se num estado de permanente descarga nervosa, é comum a tendência ao desânimo, ao absoluto desinteresse seja pelo que for: "nada importa nada"; o que a outros leva ao álcool e à droga, a eles, leva-os à masturbação»[15].

44. Deve-se então considerar a masturbação como uma anomalia?

Do ponto de vista psicológico, afirma o psicoterapeuta Enrique Rojas, «a masturbação bloqueia o desenvolvimento da personalidade a caminho da sua maturidade, deixando-a na etapa da puberdade ou adolescência [...]; além disso, provoca sentimentos de culpa, sentimentos de vergonha, por não se ser capaz de dominar essa tendência, e vivências de autodesprezo ou desvalorização. Também conduz a situações de isolamento e egocentrismo. Esta satisfação egoísta e solitária contradiz uma das premissas básicas de uma sexualidade madura: a doação a outra pessoa, a comunhão, a participação física, afetiva e espiritual»[16].

45. Que diz, concretamente, a psicoterapia neste sentido?

A psicoterapia diz que:

1º «A masturbação é sempre, e especialmente no adulto, uma manifestação de pouca maturidade no desenvolvimento da personalidade, já que resulta de não se ter alcançado um nível adequado de autocontrole.

2º «Psicologicamente, degrada quem a pratica, rebaixa-lhe a conduta. E, além disso, contraria de certo modo a dignidade do homem. Por isso é tão frequente que se faça acompanhar de sentimentos de culpa e vergonha, mesmo em pessoas que não têm crenças religiosas ou que as têm vagas e difusas.

3º «A longo prazo, se não se corrige, torna a pessoa mais introvertida, egoísta, sempre às voltas com os seus problemas e incapaz de estabelecer relações de entrega e doação de si mesma com os outros»[17].

46. Que outras consequências pode ter a masturbação?

A masturbação pode criar um vício difícil de superar, que enfraquece a força de vontade e algumas vezes pode desgastar o psiquismo.

Não é raro encontrar também casos em que esse vício cria problemas no relacionamento sexual dentro do matrimônio, quer porque debilita o impulso ou atração sexual – há quem, em vez de ter uma relação, simplesmente se satisfaça individualmente –, quer porque provoca a chamada «ejaculação precoce», ou seja, o derrame do esperma antes da relação propriamente dita, o que, em alguns casos, equivale a uma espécie de impotência.

De qualquer forma, a masturbação constitui para o outro cônjuge – que sempre acaba por conhecer o vício – a degradação da relação amorosa: às vezes, leva-o a pensar que a relação sexual se reduz a uma simples «masturbação a dois», totalmente desprovida de qualquer espírito de verdadeira doação amorosa.

47. E do ponto de vista moral?

O mesmo terapeuta citado nas respostas anteriores acrescenta: «Dizer que a masturbação não tem importância do ponto de vista moral ou que é boa e positiva, é algo que só se entende à luz de uma cultura cujos únicos critérios são o hedonismo (a vida humana centrada no prazer), a permissividade e um materialismo reducionista. A longo prazo, é um mau caminho para se conseguir uma personalidade harmônica e bem ajustada»[18].

48. E que diz o Magistério da Igreja?

Um importante documento recente diz que «tanto o Magistério da Igreja, na linha de uma tradição constante, como o sentir moral dos fiéis têm afirmado sem hesitações que a masturbação é um ato intrínseca e gravemente desordenado. A razão principal disso é a seguinte: qualquer que seja o motivo que o determine, o uso deliberado da faculdade sexual fora das relações conjugais normais contradiz essencialmente a sua finalidade. Falta-lhe, com efeito, a relação sexual requerida pela ordem moral, aquela relação que realiza o sentido integral de uma doação recíproca e da procriação humana num contexto de autêntico amor. É para essa relação regular que se deve reservar todo o exercício deliberado da sexualidade»[19].

49. A masturbação deve ser considerada pecado grave?

Quando o ato é voluntário e há consciência plena da sua maldade, a masturbação é um pecado grave. Sempre foi considerado assim pela moral católica, pois afeta o processo do próprio ato gerador da vida, e tudo o que diz respeito à fonte da vida deve ser considerado de grave importância.

São Paulo reafirma-o quando diz de forma clara: *As obras da carne são bem conhecidas*: *fornicação*, *impureza*, *liberti-*

nagem [...], *orgias e coisas semelhantes. Sobre essas coisas vos previno* [...]: *os que as cometem não participarão do reino de Deus* (Gal 5,19 e segs.).

Com uma fina sensibilidade pastoral, diz o novo Catecismo da Igreja Católica que «para formar um justo juízo sobre a responsabilidade moral dos sujeitos e orientar a ação pastoral, dever-se-á levar em conta a imaturidade afetiva, a força dos hábitos contraídos, o estado de angústia ou outros fatores psíquicos ou sociais que minoram ou deixam mesmo extremamente atenuada a culpabilidade moral» (n. 2352).

50. Os que caíram nesse pecado podem comungar fazendo apenas um ato de contrição ou é preciso que se confessem?

Já que é um pecado grave, não basta o ato de contrição; é necessário confessar-se individualmente ao sacerdote.

51. Como se pode considerar a masturbação um pecado grave, se alguns levantamentos estatísticos feitos sobre a matéria nos mostram que parece tratar-se de algo normal? Como é que uma coisa normal pode ser pecado?

Pelas razões apontadas, devemos reafirmar que a masturbação é algo *anormal.* O que os levantamentos estatísticos podem mostrar é que se trata de uma prática *comum.*

Mas não se podem confundir os termos *comum* e *normal*. Normal é aquilo que, na ordem *qualitativa*, se apresenta determinado por uma norma natural; comum é aquilo que, na ordem *quantitativa*, se mostra como o mais geral, o mais frequente. Não se pode dizer que a masturbação seja normal por ser comum. Em determinados momentos de regressão moral, podem ser comuns a delinquência, a agressividade, o racismo, a poligamia, o aborto, o homossexualismo, etc., mas a generalização de uma anomalia nunca poderá justificá-la nem converter o mal em bem. A qualidade de uma mercadoria estragada não muda se, em vez de um quilo, se compra uma tonelada.

52. Especialmente entre adolescentes e solteiros, há quem justifique a masturbação alegando que é necessária para expelir o esperma, já que, quando não se mantêm relações sexuais, essa substância perturba e pode fazer mal ao organismo. Tem algum fundamento semelhante afirmação?

Não. A medicina moderna demonstrou que o esperma é expelido de forma natural através da urina ou das chamadas «poluções noturnas»; ou mesmo que não chega a ser necessário expeli-lo, porque toda a glândula de secreção interna que não seja solicitada organicamente inibe a sua produção, sem por isso se atrofiar. Em sentido inverso, a masturbação frequente pode desgastar e debilitar as funções físicas e psíquicas.

53. Que é a «polução noturna»?

Denomina-se assim a emissão involuntária do esperma, que costuma acontecer à noite, durante o sono, acompanhada ou não de sonhos. Por ser involuntária, não tem diretamente um caráter imoral. Os pais têm de saber dar as oportunas informações aos seus filhos que chegam à puberdade, para que eles conheçam a razão desse fenômeno.

54. Qual o tratamento pastoral adequado para pessoas, especialmente jovens, que praticam habitualmente a masturbação?

Pastoralmente, é necessário considerar – afirma André Léonard, bispo de Namur na Bélgica – que «a imaturidade psicológica, a desordem interior, o peso dos hábitos adquiridos podem eventualmente diminuir a responsabilidade pessoal; nesses casos será necessário, não digo *desculpar* – tirar a culpa – mas *desdramatizar*», sem no entanto banalizar o mal, «como se masturbar-se fosse algo tão inocente como assoar o nariz». E deve-se explicar ao jovem que, «se a masturbação consiste em centrar-se em si mesmo, ele poderá desembaraçar-se desse vício desenvolvendo na sua vida todas as atitudes que o façam sair de si e o abram para Deus, para o mundo, para os outros e para os seus deveres»[20].

55. Como superar a masturbação?

Para superar a masturbação, devem-se utilizar meios humanos e meios espirituais.

56. Quais são os meios humanos?

Os principais meios humanos recomendáveis são os seguintes:

* Obter uma informação positiva e completa sobre as finalidades que Deus estabeleceu para as funções sexuais e, em consequência, conhecer os motivos que existem para não cair nesse erro. Assim se chegará a ver tanto a vida sexual como a castidade como algo natural, bom, positivo, e não como algo negativo.

* Evitar o isolamento, a solidão e os hábitos de vida introvertidos.

* Alimentar ideais altos e nobres que motivem a castidade.

* Adquirir um círculo estável de amizades.

* Fazer exercício físico e esporte, especialmente em contato com a natureza.

* Evitar a moleza, o comodismo e o excesso de descanso.

* Ser sóbrio na comida, na bebida e no sono.

* Não dar espaço à preguiça: aproveitar o tempo; cultivar a pontualidade, especialmente na hora de levantar-se; cumprir o dever à risca.

* Disciplinar a curiosidade e a imaginação.

* Selecionar as leituras e os programas de televisão, e disciplinar a vista na rua, na leitura do jornal e das revistas, nos programas de praia, nos espetáculos, etc.

* Cultivar o pudor num clima de naturalidade.

* Robustecer a vontade com pequenos exercícios de renúncia e sacrifício para conseguir o domínio próprio.

* Se se observa algo anormal, como uma excitabilidade excessiva, consultar um médico idôneo.

57. Quais são os meios espirituais?

* Ganhar consciência da altíssima vocação a que o cristão foi chamado: viver a vida de Cristo, ser *outro* Cristo.

* Compenetrar-se da dignidade do corpo humano como templo da Santíssima Trindade.

* Compreender que, através das funções sexuais, se coopera com o Criador na perpetuação da espécie humana.

* Fomentar os amores nobres, especialmente o amor a Cristo e a Maria. Os problemas de pureza de vida são problemas de *substituição.* Quando um amor grande e belo domina o coração, a vida afetiva e sensitiva aquieta-se e satisfaz-se. Quando, pelo contrário, se deixa o coração vazio, este atrai e procura o que tem mais à mão – as satisfações meramente carnais – para encher o seu vazio.

* Intensificar a vida sacramental, particularmente a Confissão frequente e a Eucaristia. Esta é um remédio especialmente eficaz porque nela se recebe a própria fonte do Amor.

* Crescer em vida de oração, exercitando-se na prática dos atos de presença de Deus, o que levará, consequentemente, a evitar as ocasiões e as tentações.

* Incrementar o amor a Nossa Senhora e pedir a sua intercessão poderosa.

* Procurar a orientação espiritual periódica de um sacerdote idôneo.

* Não desanimar nunca, sabendo que, com o esforço pessoal e a graça de Deus, o problema será superado.

58. Que é homossexualismo?

Homossexualismo é a atração sexual entre indivíduos do mesmo sexo.

59. É uma tendência natural?

Não é uma tendência natural, pois não corresponde à lei natural, isto é, a uma sexualidade vivida de maneira verdadeiramente humana.

O ser humano é por natureza heterossexual; quer dizer, inclina-se para pessoas do sexo oposto. A própria configuração dos corpos, a sua complementaridade, os mecanismos sexuais e biológicos que levam o espermatozoide a procurar o óvulo indicam que o homem está sexualmente feito para a mulher, e vice-versa.

60. Quais são as causas do homossexualismo?

A questão não está cientificamente definida. As teorias oscilam entre dois polos: as que defendem que deriva de uma causa *congênita* (a pessoa já nasceria com essa tendência) e as que afirmam que resulta de um hábito *induzido* ou *adquirido* na infância ou na adolescência. Na realidade, as causas são bastante complexas e podem apresentar-se de forma concomitante.

Podemos mencionar algumas, a título de exemplo.

1º Fatores *genéticos.* Pode existir uma certa predisposição genética, embora tudo leve a crer que a maioria dos homossexuais sejam pessoas normais.

2º Fatores *endócrinos.* Podem dar-se desarranjos hormonais, mas geralmente são de pouca envergadura, inespecíficos e ainda mal conhecidos.

3º Fatores *psicológicos.* Parecem ser os de maior importância. Contribuem para isso:

* a excessiva influência materna ou paterna: no caso dos homens, a fixação desde a infância na figura da mãe e dificuldades de relacionamento com o pai; no caso das mulheres, a identificação exclusiva com o pai e uma comunicação difícil com a mãe;

* a ausência de modelos humanos masculinos e femininos claramente definidos: influi neste sentido a atual tendência à moda «unissex» no vestir, no modo de se pentear, nos enfeites, etc., que tende a identificar os dois sexos ou pelo menos a assemelhá-los;

* uma experiência homossexual imatura, quando a tendência sexual ainda não estava bem definida, ou a agressão sexual a uma adolescente, que pode levá-la a rejeitar os homens em geral;

* a tendência ao isolamento e à introspecção não devidamente superada; etc.

4º Fatores *ambientais*. Podem ser, por exemplo:

* os ambientes exclusivamente femininos em que um rapaz cresce por ausência habitual do pai ou, em sentido contrário, o ambiente masculino em que uma menina cresce rodeada só de irmãos;
* o clima criado por uma mãe hiperpossessiva a respeito dos filhos, ou de um pai hiperprotetor das filhas;
* ambientes sociofamiliares em que os papéis masculinos e femininos não estejam bem delimitados;
* o confinamento de pessoas do mesmo sexo em determinados lugares – como presídios, um navio, etc. – por longo tempo.

5º Fatores *socioculturais*. A sociedade hedonista que justifica o prazer pelo prazer, desacreditando qualquer valor moral, em vez de retificar uma tendência desviada, o que faz é reafirmá-la e consolidá-la. Os movimentos homossexuais, através de alguns meios de comunicação social, pretendem mostrar que é algo normal e que a sociedade deve libertar-se de preconceitos e tabus.

É interessante observar que, hoje em dia, os movimentos homossexuais desencadearam um verdadeiro proselitismo. Psicologicamente, a explicação é que a consciência lhes fala do caráter anormal dessa tendência, mas querem justificá-la aumentando o número de adeptos: assim podem alegar que se trata de um fenômeno normal nos nossos dias, sem ponderar, como víamos acima, que o normal não pode ser confundido com o comum ou com o geral.

61. Que qualificação moral dá a Igreja ao homossexualismo?

Podemos responder a esta pergunta com palavras do próprio Magistério eclesiástico, não sem antes recordar que o que esse Magistério faz é *expor* a Lei de Deus, a doutrina de Cristo:

«Nos nossos dias, baseando-se em observações de ordem psíquica, alguns chegaram a julgar com indulgência e até a desculpar completamente as relações entre pessoas do mesmo sexo, em contraste com a doutrina do Magistério e com o senso moral do povo cristão. E faz-se uma distinção, que não parece fundada, entre os homossexuais cuja tendência – proveniente de uma educação falsa, da falta de uma evolução sexual normal, de um hábito contraído, de maus exemplos e de outras causas análogas – é transitória ou ao menos não incurável, e aqueles outros homossexuais que o são irremediavelmente por uma espécie de instinto inato ou de uma constituição patológica tida por incurável.

«Quanto aos sujeitos desta segunda categoria, pensam alguns que se trata de uma tendência natural, a ponto de se dever considerar como justificativa de relações homossexuais uma sincera comunhão de vida e amor análoga ao matrimônio, na medida em que os interessados se sintam incapazes de suportar uma vida solitária.

«Indubitavelmente, essas pessoas homossexuais devem ser acolhidas na ação pastoral com compreensão e sustentadas na esperança de superarem as suas dificuldades pessoais e a sua inadaptação social. Também a sua culpabilidade deve ser julgada com prudência. Não se pode, porém, empregar nenhum método pastoral que reconheça uma justificação moral para esses atos como decorrentes da condição de tais pessoas. Segundo a ordem moral objetiva, as relações homossexuais são atos desprovidos da sua regra essencial e indispensável, e são condenados pela Sagrada Escritura como graves depravações e apresentados como triste consequência de uma repulsa a Deus: *Pelo que Deus os entregou* [os pagãos] *aos desejos dos seus corações e à imundície com que desonram os seus próprios corpos, pois trocaram a verdade de Deus pela mentira e adoraram e serviram a criatura em vez de servirem o Criador, que é bendito pelos séculos. Pelo que Deus os entregou às paixões vergonhosas, pois as mulheres mudaram o uso natural em uso contra a natureza*; *e igualmente os varões, deixando o uso natural da mulher, abrasaram-se na concupiscência de uns pelos outros, os varões pelos varões, cometendo torpezas e recebendo em si mesmos a paga devida aos seus desvarios* (Rom 1, 24-27).

«Este juízo da Escritura não permite concluir que os que padecem dessa anomalia sejam de todo responsáveis pessoalmente pelas suas manifestações; mas declara que os atos homossexuais são intrinsecamente desordenados, não podendo ser aprovados em caso nenhum»[21].

62. Esse texto não parece excessivamente autoritário e pouco compreensivo?

Esse texto tem de ser entendido no contexto global do respectivo documento, que constitui uma apologia da «civilização do amor» e não uma restrição negativa. A sua linguagem, porém, tinha de ser clara, explícita, já que mais clara – até brutal e autoritária – é toda a apologia do sexo ilimitado, mesmo do homossexualismo, que se faz através da mídia.

Mas não lhe falta também um forte sentido de compreensão fraterna: «Indubitavelmente – tornamos a fazer a citação –, as pessoas homossexuais devem ser acolhidas na ação pastoral com compreensão e sustentadas na esperança de superarem as suas dificuldades pessoais e a sua inadaptação social. Também a sua culpabilidade deve ser julgada com prudência»[22].

Matizando mais o espírito de acolhimento que sempre se deve ter com pessoas que sofrem de algum distúrbio, podemos acrescentar umas palavras do novo Catecismo, cheias de compreensão pastoral: «Um número não negligenciável de homens e de mulheres apresenta tendências homossexuais inatas. Não são eles que escolhem a sua condição homossexual; para a maioria, pois, esta constitui uma provação. Devem ser acolhidos com respeito, compaixão e delicadeza. Evitar-se-á para com eles qualquer sinal de discriminação injusta. Essas pessoas são chamadas a realizar a vontade de Deus na sua vida e, se forem cristãs, a unir ao sacrifício da cruz do Senhor as dificuldades que podem encontrar por causa da sua condição» (n. 2358).

63. Que podemos recomendar a uma pessoa que manifeste tendências homossexuais?

1º Ela deve começar por tomar consciência de que o homossexualismo não é algo normal e, por conseguinte, de que tem de utilizar todos os meios para combater essa tendência ou, se for o caso, corrigir o seu comportamento.

2º A seguir, devemos fazê-la ver que o homossexualismo não justifica os atos contrários a castidade, como não se justifica uma união heterossexual fora do matrimônio. A castidade extraconjugal deve ser vivida por todos.

3º Em consequência, devemos dizer a essa pessoa que tem de lutar por viver a castidade da mesma maneira que o faz qualquer pessoa heterossexual antes do matrimônio ou depois de enviuvar.

4º Por fim, devemos sobretudo incitá-la a não desanimar: que recorra ao Senhor na oração e ao sacerdote no sacramento da reconciliação, confiando plenamente em Deus, na certeza de que, se empregar os meios oportunos, não lhe há de faltar a graça para vencer o problema.

Resumindo, sublinharemos com o novo Catecismo que «as pessoas homossexuais são chamadas à castidade. Pelas virtudes do autodomínio, educadoras da liberdade interior, às vezes pelo apoio de uma amizade desinteressada, pela oração e pela graça sacramental, podem e devem aproximar-se, gradual e resolutamente, da perfeição cristã» (n. 2359).

64. Como é que a pessoa deve orientar essa luta?

A pessoa deve orientar essa luta esforçando-se por:

1º Aceitar interiormente a realidade da sua tendência, sem tentar dissimulá-la ou ocultá-la de si mesma. Isto não quer dizer que deva manifestá-la publicamente.

2º Confiar com sinceridade o seu problema a uma pessoa idônea que possa ajudá-la. Como é um problema íntimo que envolve também fatores morais, recomenda-se que se peça esse auxílio a um sacerdote de bom critério. Este, com discernimento e prudência, deverá ponderar se é necessário que, além da orientação espiritual, se procure alguma terapia de apoio.

3º Identificar com a ajuda do sacerdote as causas da anomalia, a fim de debelá-las com remédios específicos.

4º Cuidar habitualmente de:

* vestir-se e apresentar-se do modo mais masculino possível, se se é homem, ou feminino, se se é mulher;

* afastar-se das ocasiões: locais de encontro e ambientes frequentados por pessoas que tenham as mesmas tendências, e principalmente de turmas e companheiros homossexuais;

* cortar radicalmente o contato com a pessoa com quem se tenha estabelecido alguma ligação num passado próximo ou remoto;

* praticar atividades e esportes típicos do seu sexo;

* evitar gostos, profissões ou funções sociais que se aproximem dos do sexo oposto;

* se for necessário, consultar um médico que prescreva o oportuno tratamento.

5º Se se trata de homens, combater um certo exibicionismo, que pode ser natural na mulher, mas não no homem;

6º Pôr em prática os demais meios humanos e espirituais de que já se falou e de que se tornará a falar para fortalecer a virtude da castidade.

65. Como se poderia qualificar a situação de imoralidade, de promiscuidade sexual que parece ter invadido cada canto do corpo social?

Anton Böhm, analista da realidade sociocultural do nosso tempo, qualifica a situação moral do corpo social como «*úlcera cancerosa* com metástase: o veneno penetra em todos os órgãos. O culto do sexual é altamente associal. Naquele que o pratica, produz o afastamento total dos assuntos públicos. Ora, se a responsabilidade moral fosse tirada do coração de todas as relações humanas, isso significaria a desmontagem total da ordem social»[23]. Siegmund acrescenta: «A comparação da imoralidade social com o tumor canceroso é algo mais do que uma ocorrência feliz. Atinge um ponto realmente decisivo. Os pesquisadores do câncer dizem com razão que as células cancerosas se revoltam contra a ordem total do organismo; servem-se dele, como os parasitas, para proveito próprio. Desse modo, porém, provocam finalmente a ruína total. De maneira semelhante, o culto do sexual revela-se antinatural e destruidor»[24].

66. A promiscuidade sexual, além da sua conotação imoral e dos estragos sociais que causa, traz consigo outras consequências nefastas?

A promiscuidade sexual acarreta muitas outras consequências nefastas. Entre elas, não se pode esquecer o perigo de contágio de doenças venéreas e, atualmente, o alarmante risco da Aids.

67. A propagação da Aids tem alguma relação com a promiscuidade sexual?

Sem dúvida. Por mais que determinados meios de comunicação procurem negá-lo, a mais grave «área de risco» da Aids encontra-se hoje no ambiente claramente promíscuo do homossexualismo e daí se espalha para os demais setores da sociedade, chegando a vitimar mulheres e crianças.

A natureza reage, «vinga-se» de uma forma ou de outra quando se desrespeitam as suas leis. Há um antigo provérbio que diz: «Deus perdoa sempre; o homem perdoa às vezes; mas a natureza não perdoa nunca». As relações sexuais monogâmicas não contrariam as leis da natureza; as homossexuais e promíscuas, sim. As primeiras geralmente não acarretam doenças como a Aids; as segundas, sim. É algo que faz pensar.

68. Que solução se deve encontrar para a Aids?

Uma das maiores autoridades dos Estados Unidos sobre esta matéria, a Dra. Novello, escreve: «O lema tem de ser um *sim* à monogamia e um *não* à promiscuidade, que é onde a Aids se incuba e se propaga»[25].

O Cardeal do Rio de Janeiro, D. Eugênio de Araújo Sales, escreve a este respeito: «Com justo alvoroço diante da gravidade do mal [a Aids], investigam-se remédios e apontam-se medidas profiláticas, mas nada se diz acerca do foco central, que é o desregramento sexual. Sobre ele paira um silêncio incompreensível [...]. Queiram ou não, a enfermidade exige, para ser superada, uma profunda mudança na moral permissiva reinante entre nós»[26].

69. Pode-se recomendar o uso de preservativos (a «camisinha») como método profilático contra a Aids?

Moralmente, é reprovável. Voltamos a lembrar que, segundo a moral cristã, os atos sexuais só são lícitos quando realizados de forma natural dentro do matrimônio legítimo. O preservativo representa um desvio da forma natural.

Profilaticamente, é inadequado, já que os preservativos de melhor qualidade falham num número considerável de casos. Uma pesquisa realizada por Richard Smith, especialista norte-americano na transmissão da Aids, revela seis grandes falhas do preservativo, entre as quais menciona, por exemplo, a deterioração do látex ocasionada pelas condições de transporte e armazenagem. Mas, se se tomarem todas as precauções, conseguindo-se que cheguem em perfeitas condições aos usuários, os preservativos não serão seguros para prevenir a Aids?, pergunta o autor. A sua resposta é esta: «Um sonoro *não*. O tamanho do vírus HIV da Aids é três vezes menor que o vírus do herpes, seis vezes menor que o espiroqueta que causa a sífilis e 450 vezes menor que o espermatozoide. Estes pequenos vírus podem passar entre os poros do látex tão facilmente num bom preservativo como num defeituoso»[27].

A propaganda em torno do uso de preservativos é, pois, absolutamente inadequada; por um lado, porque favorece a proliferação da promiscuidade e, por outro, porque não evita devidamente a contaminação. Desta forma, em vez de ser um método inibidor da doença, torna-se um método propagador da mesma.

Não é com preservativos que se debela esse mal, mas com uma moralização em dimensões nacionais. Nenhuma pessoa sensata e honesta diz: «Vamos ensinar os pivetes a roubar, mas desarmados, de forma que ninguém corra perigo de vida». O roubo é imoral, tão imoral como a promiscuidade sexual. Então, por que dizer: «Vamos ensinar a praticar o ato sexual promíscuo com preservativos, para que ninguém corra perigo de contágio?»

O problema não se resolve com preservativos, mas com decência.

70. Que recomendaríamos a este respeito no terreno moral?

Tomando em consideração que a maioria dos casos de contaminação de Aids provém de relações sexuais promíscuas (apenas 2% se devem a problemas de transfusão de sangue), devemos recomendar com o Cardeal D. Eugênio Sales:

«Tenhamos a coragem de defender a castidade e, na adolescência, havendo certa tendência à ambivalência sexual, orientar claramente em relação aos males do homossexualismo.

«É exatamente no desrespeito à moral católica que vamos encontrar o maior foco de propagação da Aids [...]. E chegamos ao que é, para muitos, um paradoxo: em pleno século XX, a prática da castidade antes do casamento e entre os cônjuges (diga-se "fidelidade matrimonial") tornou-se o mais positivo meio de controle da Aids»[28].

71. Que consideração final se pode fazer para terminar este capítulo sobre as anomalias sexuais?

Podemos simplesmente acrescentar a observação feita pelo famoso historiador inglês Toynbee: sem normas morais, sem regulação do sexo, produz-se um desequilíbrio psíquico e moral de tal ordem que «deixamos quase de ser humanos sem nos convertermos, contudo, em inocentes animais»[29].

III
«Revolução sexual» e pornografia

72. Que pretendem as chamadas «revolução sexual» e «liberação sexual»?

O programa «revolucionário» e «libertário» propugna principalmente a procura do maior prazer sexual através da libertação de qualquer limite ou norma moral que impeça de consegui-lo, justificando assim o prazer pelo prazer e dissociando-o de qualquer finalidade superior.

73. Que consequências acarretam esses movimentos?

As suas principais consequências são:

1º O desvirtuamento do sentido do amor conjugal e da sua estabilidade e, portanto, do matrimônio. A união conjugal – de acordo com essa mentalidade – só se justifica enquanto «realiza sexualmente» os cônjuges; quando isso não acontece, nada impede a separação do casal;

2º A perda do sentido da família e da responsabilidade pela educação dos filhos;

3º Nenhum comportamento deve ser considerado normal ou patológico, correto ou desviado, certo ou pervertido, bom ou mau, já que tudo é justificado pelo prazer sexual, que se torna a única norma neste terreno;

4º Em decorrência, a masturbação, o homossexualismo, o bestialismo (a zoofilia), a tendência pederasta (abuso de menores), o masoquismo e o sadismo sexual, o incesto e outras manifestações – consideradas desde sempre como perversões sexuais – recebem a qualificação de simples *formas alternativas* de satisfação sexual.

Chegou-se, neste sentido, ao ponto de se votar no Parlamento de alguns países – como a Dinamarca – o matrimônio entre homossexuais, a defender em outros – como os Estados Unidos – a fecundação artificial de mulheres lésbicas para poderem ser mães, e a causar em muitos outros uma verdadeira perplexidade acerca do conceito de «delito sexual» e da sua formulação legal.

Mais ainda, a perplexidade atinge o próprio âmbito da medicina. Se a sexualidade não conhece desvios – por não haver regras que indiquem qual é o comportamento normal –, como se justifica a internação ou o tratamento clínico de algumas pessoas com base em que sofrem de anomalias sexuais patológicas? Ao mesmo tempo, porém, poder-se-ia perguntar: se todas as funções psíquicas – a percepção, a memória, a afetividade, o instinto alimentar, etc. – sofrem distúrbios, em virtude de que privilégio ou «protecionismo» social se considera o comportamento sexual livre de qualquer doença ou anomalia? São perguntas a que, evidentemente, não se pode responder se se nega a existência de uma lei natural gravada por Deus no coração do homem;

5º Desta mentalidade brotaram também os movimentos homossexuais – os *gays* –, feministas (*women's lib*) e do chamado «sexo recreativo» (*fun sex*), ou seja, o sexo como divertimento;

6º A proliferação da pornografia.

À vista destas deploráveis consequências, os próprios mentores da «revolução sexual» (por exemplo, Betty Friedan) reconhecem que o movimento ultrapassou toda a medida sensata e constitui hoje em dia um verdadeiro processo de regressão humana. Propugna-se agora, paradoxalmente, uma nova «libertação» que supere a escravidão provocada pela «libertação sexual».

74. Que se entende por pornografia?

O conceito de pornografia (do grego *pornographos*, «escritos sobre prostitutas») abrange qualquer obra literária ou artística que tenha por conteúdo atitudes, acontecimentos, imagens, fatos ou relatos de caráter obsceno, impudico ou licencioso, destinados a fomentar a excitação e o prazer sexual mediante estímulos – especialmente visuais e auditivos – que tenham o poder de evocar o erótico e o sensual.

75. Por que se consome tanta pornografia?

A causa última e mais poderosa está na tendência do ser humano – provocada pelo pecado original – a buscar a felicidade no prazer imediato, sem ponderar se esse é o meio mais adequado de conseguir a felicidade que procura. O mais triste e doloroso erro humano é querer a felicidade – algo a que não pode renunciar – precisamente onde ela não se encontra.

Ao lado desta causa fundamental, podemos encontrar outras muito diversas:

1º A primeira já foi apontada como característica da «revolução sexual»: excluir da sexualidade humana qualquer outro sentido que não seja o de conseguir o prazer, o que torna a pornografia o melhor dos instrumentos;

2º Por outro lado, como o desejo egoísta de prazer sexual é insaciável, não basta um só tipo de experiência pornográfica, se se quer evitar o desencanto e a frustração: é necessário diversificá-la, o que leva a inventar estímulos cada vez mais fortes, mais variados, mais requintados, mais brutais. Da chamada pornografia *branda* passa-se à pornografia *dura*, despertando instintos antinaturais (lesbianismo, sadismo, masoquismo, etc.). A poderosa indústria pornográfica sabe disso e inventa estratagemas cada vez mais fortes e refinados.

O fato de certa indústria pornográfica holandesa, com uma eficientíssima rede de distribuição mundial, se ter especializado exclusivamente no *abuso de menores* é algo profundamente trágico, que nos deveria fazer pensar;

3º É evidente que, para esta gangrena progressiva, contribui poderosamente a exclusão do sentido religioso de toda a atividade humana, especialmente da sexualidade. Quando a relação sexual é entendida como uma função que coopera com Deus para a transmissão da vida, reveste-se de uma alta significação e dignidade. Quando, pelo contrário, se rebaixa ao nível de um simples prazer, já não há motivo para dignificá-la e respeitá-la: é uma outra forma de «autorrealização» sensitiva ou de diversão. É nesse clima cultural que a pornografia encontra o seu melhor fertilizante.

76. Mas estas características sempre estiveram presentes, em maior ou menor grau, nos seres humanos. Por que esse «*boom* pornográfico» característico dos nossos tempos?

Com efeito, há também uma causa mais prosaica e materialista, que já foi mencionada: a pornografia é um excelente negócio; entrou no rol da sociedade de consumo como uma «mercadoria» altamente lucrativa. Calcula-se, por exemplo, que as vendas de material pornográfico chegam na Alemanha a 1 bilhão de marcos por ano, e nos Estados Unidos a 7 bilhões de dólares.

Não se adivinha neste último motivo a mola propulsora do crescimento da pornografia em tantos meios de comunicação de massa? A pornografia dá dinheiro, dá muito dinheiro! Manipulam-se os instintos da população de uma forma agradável aos sentidos para, pouco a pouco, ir despojando-a da riqueza dos seus valores humanos à custa do enriquecimento das empresas gráficas, televisivas, turísticas, etc.

O que dizemos aqui dos interesses da indústria pornográfica estende-se ao âmbito da propaganda comercial. Observamo-lo todos os dias. O produto a ser vendido traz frequentemente um apelo erótico: determinadas roupas, perfumes, desodorantes, sabonetes, podem «dar» a quem os usa uma «maior atração erótica»; as mulheres bonitas «deixam-se seduzir» por homens que exibem um carro ou uma motocicleta de determinada marca. Há anúncios de produtos que nada têm a ver com o erótico e escondem uma conotação subliminar que aponta para o sexual: determinado produto rico em calorias – chocolate, por exemplo – «aumenta o vigor, a energia, o atrativo sexual»...; e, paradoxalmente, outros produtos dietéticos, de baixo teor calórico, tornam o usuário «ágil, escultural..., extremamente *sexy*»...

Olhando as coisas com isenção e perspectiva, tem-se a impressão, às vezes, de que existe uma obsessão coletiva, uma «imbecilidade» coletiva – para não dizer uma estranha tara cultural – cunhada pelo próprio mecanismo consumista. Em outras ocasiões, a sensação que se tem é de se estar dentro do mundo do ridículo.

77. Mas não é uma necessidade do consumidor a que fomenta a indústria pornográfica? Ou será que é esta que cria necessidades cada vez mais sofisticadas e anômalas, para assim aumentar de forma progressiva os seus lucros?

Evidentemente, trata-se de necessidades artificiais, criadas, como decorre de tudo o que dissemos até aqui. De certa forma, a pornografia é «a galinha dos ovos de ouro» da sociedade moderna. Comenta a este respeito Cormak Burke, um especialista na defesa dos valores familiares: «O ideal de qualquer vendedor, em qualquer negócio, é encontrar fregueses regulares, consumidores dependentes. O mercado de cigarros é tão seguro e lucrativo porque gira em torno de compradores *cativos*. O mesmo se aplica ao das bebidas. E quando o mercado é de drogas ou de sexo, pode-se falar até de compradores *escravizados*. A exploração de escravos – especialmente quando as pessoas pagam para ser escravas – é um modo infalível de criar fortunas inescrupulosas. E tudo em nome da liberdade!»[30]

78. Que consequências tem a pornografia?

Depois do que acabamos de ver, é fácil deduzir as consequências:

1º Cria uma «*pornodependência*», isto é, uma necessidade crescente de estímulos pornográficos: quem sofre deste vício precisa de doses cada vez mais frequentes e fortes;

2º Exerce um atrativo especialmente nocivo entre os mais jovens. Em 1987, calculava-se que o consumo de vídeos pornográficos chegava a 65% dos escolares alemães que estavam na faixa etária dos onze aos dezessete anos. Isso significa que o material pornográfico, sejam vídeos, revistas, etc., incita os adolescentes a ter uma vida sexual equiparável a essa que lhes é mostrada, despertando antecipadamente os seus instintos ou submetendo-os artificialmente a uma pressão que pode levar com frequência a práticas sexuais impróprias não já da sua idade, mas mesmo de um adulto;

3º É fácil por isso entender que possa surgir uma série de fenômenos pouco favoráveis ao desenvolvimento humano. Podem mencionar-se os seguintes:

* o aumento da promiscuidade e da frequência de relações sexuais entre adolescentes e jovens. 70% dos universitários norte-americanos submetidos a uma pesquisa de opinião concordaram em que a pornografia os excitava anormalmente e os levava a relações cada vez mais frequentes;

* o crescimento do número de moças adolescentes que engravidam em idades progressivamente menores;

* o aumento galopante de doenças venéreas e do número de abortos: afirma-se, por exemplo, que em 1989 houve nos Estados Unidos 450 mil abortos, cifra muito superior à das mortes causadas por todas as guerras em que esse país se envolveu nos últimos anos;

* o aumento da prostituição masculina e feminina e a multiplicação progressiva das neuroses sexuais. Tem-se verificado cientificamente a vinculação entre pornografia e as doenças psíquicas de natureza sexual[31].

* dos 2486 adultos estudados por Aberson nos Estados Unidos, 49% afirmam que a pornografia

«incita à violência», 43% dizem que «faz perder o respeito à mulher», e 56% que «destrói as normas morais»;

* o desejo de encontrar sensações e prazeres sexuais mais intensos provocado pela pornografia leva muitos a experimentar a droga como excitante e afrodisíaco[32].

79. Que atitude devem tomar os pais e educadores em face destas consequências?

Estas consequências deveriam levar os pais e os educadores a refletir mais profundamente. Se realmente se assustam com o aumento da violência, da droga, das doenças venéreas, da Aids, da gravidez precoce, do aborto, devem pensar que, com frequência, o primeiro passo ou o estopim de semelhantes desvios se encontra na pornografia.

Seria necessário que pensassem com mais seriedade sobre o tipo de revistas que entram em casa, os programas de televisão ou vídeos que se veem no lar, a maneira como os filhos se vestem ou frequentam as praias e lugares de divertimento e lazer.

O novo Catecismo, referindo-se a essa atmosfera de sensualismo reinante, adverte que «a pureza cristã requer uma *purificação do clima social.* Exige dos meios de comunicação social uma informação impregnada de respeito e modéstia. A pureza do coração liberta a pessoa do erotismo geral e afasta-a dos espetáculos que favorecem o voyeurismo e a ilusão» (n. 2525).

«O que se costuma chamar *permissividade dos costumes* baseia-se numa concepção errônea da liberdade humana; para se edificar, esta última tem necessidade de se deixar educar previamente pela lei moral. Convém exigir dos responsáveis pela educação que deem à juventude um ensino respeitoso da verdade, das qualidades do coração e da dignidade moral e espiritual do homem» (n. 2526).

80. Que atitude devem tomar os pais quando observam nos seus filhos uma tendência à pornografia?

Hoje, não é raro que um pai ou uma mãe encontrem no quarto dos seus filhos fotografias e revistas pornográficas, ou os surpreendam vendo filmes, vídeos e novelas eróticas na televisão. Que fazer nesses casos?

O psiquiatra Vallejo-Nágera responde-nos nestes termos: «É preciso procurar não dar a impressão de termos ficado chocados ao encontrar material pornográfico nas mãos de um filho, pois quanto maior for a nossa reação perante o fato, mais valor dará ele à pornografia. Tentemos, pois, não criar um conflito e convidemos o filho a perguntar-nos o que quiser sobre o sexo.

«Como é evidente que o sexo atrai a curiosidade de um jovem e este, hoje em dia, vem sendo bombardeado pela pornografia, deve-se procurar informá-lo de maneira educativa e natural sobre o mundo do sexo. Quando se é adolescente, é muito comum confundir sexo e amor. Revela-se extremamente positivo para o jovem que o pai e a mãe lhe expliquem a diferença que há entre ambos, e também que o façam ver que o sexo abrange muito mais do que o prazer puramente físico: como o amor, o respeito, a amizade e a admiração para com a outra pessoa.

«É preciso, porém, falar do sexo com clareza e naturalidade, informando cada filho sobre a pornografia e definindo-a como o que realmente é: um meio sórdido e de conteúdo extremamente tedioso, distante da verdadeira realidade do sexo»[33].

Além disso, os pais cristãos devem dizer também, de maneira clara – do modo mais adequado e pedagógico possível – que a pornografia degrada a dignidade humana porque o homem e a mulher não são mero objeto de prazer, que se usa, se compra ou se vende, *mas filhos de Deus*, da *família de Deus*; que ninguém, e muito menos um cristão, gostaria de ver a intimidade da sua irmã, da sua mãe ou da sua esposa exposta à curiosidade libidinosa do homem da rua e menos ainda comercializada; que, quando se fere a dignidade humana, se ofende também a honra de Deus, porque fomos criados à sua imagem e semelhança.

Deverão igualmente tomar as medidas adequadas para anular as consequências decorrentes dos meios de comunicação, especialmente a televisão. Por exemplo, habituar os filhos desde crianças a reparar como os pais desligam o aparelho quando a transmissão não está de acordo com a moral; recorrer, tomando as devidas cautelas, aos videocassetes, para ter no lar um programa de filmes e amenidades selecionado, etc.

81. Que atitude deve tomar o Estado perante a pornografia?

Dadas as consequências nefastas da pornografia, só é possível uma resposta: o Estado deve intervir para debelar esse mal, mediante uma legislação adequada e meios de controle eficazes, sem receio de ser acusado de ameaçar ou ferir a liberdade de expressão. Hoje, por mais primário e rude que seja, qualquer homem ou mulher – e, por maioria de razão, qualquer homem com responsabilidades de governo – sabe distinguir nos órgãos de opinião pública e de comunicação de massa o que é liberdade de informação e o que é pornografia, como sabe distinguir o que é arte e o que é pornografia. Por que então os poderes públicos – que não se importam de ser acusados de restringir a liberdade de expressão quando se ofende o Chefe de Estado ou se incita à revolta contra a ordem constitucional democraticamente estabelecida, etc., etc. – hão de omitir-se unicamente no caso desse flagelo social e dessa fonte de corrupção de menores que é a pornografia?

Essa «legislação adequada» e esses «meios de controle» eficazes não se limitam a medidas legislativas garantidas por sanções eficazes e rápidas: apreensão de material pornográfico, multas pesadas para os responsáveis pelos programas, publicidade e edições, bem como para os donos de estabelecimentos que comercializam esses produtos, etc. É necessário também desestimular a respectiva veiculação, pela aplicação de impostos elevados sobre livros, revistas, filmes, vídeos, casas comerciais que os exponham publicamente ou os tornem acessíveis a menores de idade, como se faz com tantos outros produtos daninhos cujo consumo se pretende coibir.

O melhor seria que – para tranquilidade dos que veem em qualquer forma de censura governamental um atentado à liberdade de expressão – os próprios órgãos de classe se incumbissem dessa missão, mediante normas claras estabelecidas por eles mesmos e instâncias de julgamento que pudessem intervir de pleno direito, pronta e eficazmente, por iniciativa própria ou a pedido dos membros da sociedade.

No entanto, nada se fará, ou se fará sem garantias de continuidade, enquanto a consciência pública não despertar para a gravidade do problema, ou seja, enquanto a opinião pública não exigir permanentemente medidas que purifiquem o ambiente. Na verdade, pode-se dizer que só se chegou ao atual «paroxismo de porcaria» graças à *passividade* e à *omissão* – para não dizer, em muitos casos, à *hipocrisia* – de tantos pais e mães de família, se não corrompidos eles mesmos, pelo menos inconscientes em relação ao futuro dos seus filhos e, portanto, da sociedade.

82. Mas como se diz que o Estado deve debelar a pornografia, se a avaliação negativa desse fenômeno parte da moral cristã e a maioria dos Estados é aconfessional?

As consequências deletérias da pornografia não resultam de nenhuma «filosofia» especificamente cristã, e as medidas preconizadas dizem respeito ao bem comum de qualquer sociedade. Nenhum cientista social ou pensador sério jamais afirmou que a pornografia constituísse um bem para a humanidade, mas antes uma calamidade que compromete decisivamente o seu desenvolvimento.

Parece ter-se instaurado socialmente uma espécie de hipocrisia institucionalizada ou de receio de se cair no «fundamentalismo xiita». Se se envidam esforços para evitar os assaltos e os sequestros, o uso de tóxicos, a violação de mulheres e a prostituição de menores, como dizer que seria interferir na liberdade individual tomar medidas eficazes para impedir a pornografia, que fomenta todos esses fenômenos?

Ainda que se diga jocosamente que «é proibido proibir», dá a impressão de que esse princípio, invocado porque preserva o livre-arbítrio, apenas afeta os desregramentos sexuais. Se *não* «é proibido proibir» jogar sujeira na rua, poluir os rios, matar as baleias, por que «é proibido proibir» a pornografia, que vem matando os sentimentos do amor, o respeito à mulher, a dignidade da família, base *insubstituível* da sociedade, e até a própria saúde, enfraquecida por uma depressiva obsessão sexual?

83. É a pornografia um pecado grave?

Quem se deixa excitar voluntariamente por qualquer material pornográfico peca gravemente contra o sexto ou o nono mandamentos, já que a pornografia provoca pensamentos, desejos ou sensações contrários à lei moral em matéria grave. Sempre se entendeu assim o preceito dado por Jesus Cristo que ecoa claramente nas palavras de São Paulo aos Efésios: *Quanto à fornicação e a qualquer gênero de impureza ou de cobiça, não sejam sequer mencionadas entre vós, como é próprio de santos; nem linguagem torpe, nem conversas levianas ou grosseiras, que desdizem de vós* [...]. *Pois deveis saber que nenhum fornicador ou impuro* [...] *terá parte na herança de Cristo e de Deus* (Ef 5, 3-5).

O novo Catecismo faz um diagnóstico moral claro da pornografia ao afirmar que «atenta gravemente contra a dignidade daqueles que a praticam (atores, comerciantes, público), porque cada um se torna para o outro objeto de um prazer rudimentar e de um proveito ilícito. Mergulha uns e outros na ilusão de um mundo artificial» (n. 2354).

84. Se Deus dotou o homem e a mulher de características tais que a perfeição e a beleza da mulher pudessem despertar a paixão do homem e vice-versa, por que condenar o que exalta essa mútua atração?

A doutrina cristã sempre exaltou os valores da masculinidade e da feminilidade, sempre lembrou aquelas palavras do Gênesis: *Deus criou o homem à sua imagem e semelhança; criou o homem e a mulher* (Gen 1, 27); e depois *contemplou o que tinha feito e viu que tudo era muito bom.* O Livro do Eclesiastes assinala precisamente, entre as coisas mais formosas *aos olhos de Deus e dos homens, a harmonia entre a mulher e seu marido* (Ecl 25,1). Para a Igreja, pois, a valorização do corpo humano, do seu atrativo e do prazer sexual retamente encaminhado foi sempre um traço característico da sua doutrina, diferenciando-a de alguns desvios heréticos como o dos maniqueus e o dos cátaros, que condenavam todo o tipo de sexualidade. Assim o recordou a Constituição *Gaudium et Spes* do Concílio Vaticano II: «A atração sexual é algo nobilíssimo, já que o casamento é a fonte da vida humana» (n. 49).

Mas o que é bom pode ser deturpado. O alimento é bom e, quanto mais apetitoso, melhor. Mas, ingerido em excesso, prejudica a saúde e é um distúrbio moral. A Sagrada Escritura diz explicitamente que o vinho é bom e que «alegra o coração do homem», mas que, tomado em excesso, embriaga e é causa da luxúria (cf. Ef 5, 18).

É neste contexto que deve ser entendido o sentido positivo da atração sexual, como estímulo para a união dos corpos e das almas no matrimônio e como fonte geradora de novos seres humanos. E é também sob esta luz que se deve entender a pornografia, como fonte de uma hipertrofia do apetite sexual que deforma o desenvolvimento harmônico da personalidade humana.

IV
As finalidades do matrimônio

85. Se o amor, com a sua conotação sexual, só deve realizar-se no matrimônio, pode-se dizer o que é o matrimônio?

O matrimônio é uma aliança ou contrato pelo qual o homem e a mulher aderem a uma instituição natural que origina uma comunhão de vida para sempre.

86. Qual o conteúdo dessa instituição natural?

A instituição natural do casamento apresenta três elementos essenciais: a *unidade* ou monogamia, isto é, a fidelidade a um só cônjuge ou a exclusividade da união matrimonial, o vínculo de «um com uma»; a *indissolubilidade*, isto é, a permanência do vínculo matrimonial através do tempo, «até que a morte os separe»; e a *fecundidade*, isto é, os filhos, os frutos dessa união.

Basta pensar por uns momentos para se ver que esses três elementos – a fidelidade, a permanência e a fecundidade – constituem o sonho, o ideal de todo o amor conjugal verdadeiro. Não é próprio dos verdadeiros namorados dizerem um ao outro: «Você, e *só* você, *para sempre*»? Não estão sempre prontos a jurá-lo, isto é, a fazer promessas que se comprometem a não rescindir? Não são capazes de passar horas, encantados, a imaginar os filhos?

Apenas uma sociedade amargurada, desiludida e pessimista é capaz de contentar-se com um amor que «seja eterno enquanto dure». O adágio de Gide, «amar uma mulher é renunciar a todas as outras», só pode parecer um sacrifício ou uma infelicidade a quem não superou a imaturidade própria da adolescência: quem está apaixonado nem sequer *pensa* em «todas as mulheres do mundo», e não lhe custa nada fazê-lo. Quanto aos filhos, só mesmo um materialismo estúpido como o da nossa época permite explicar que se prefira ter carros, eletrodomésticos ou casas na praia a ter filhos, numa inversão de valores infra-humana. «Conheço uma família africana – diz Cormac Burke – com dezoito filhos e sem automóvel, e uma "família" americana (entre aspas, porque não sei se merece esse nome) com dezoito automóveis e sem nenhum filho. Honestamente, penso que a família africana é muito mais feliz; pelo menos dezoito vezes mais»[34].

87. O matrimônio cristão é apenas uma instituição natural?

O matrimônio cristão não é apenas uma instituição natural, porque Jesus Cristo elevou essa instituição à dignidade de sacramento.

88. O casal pode determinar à vontade o conteúdo, as finalidades e a duração do matrimônio?

Não, porque – como acabamos de ver – o matrimônio, para ser verdadeiro matrimônio, pressupõe por parte dos cônjuges um compromisso radical de fidelidade pessoal, de indissolubilidade e de fecundidade, conforme o exige essa instituição natural criada por Deus e confirmada expressamente por Jesus Cristo.

89. Mas como saber que Deus instituiu o matrimônio desde o momento em que criou o homem?

Sabemo-lo por três motivos:

1º Porque o ideal prescrito pelo Direito natural – o de uma união monogâmica, indissolúvel e fecunda – esteve presente entre todos os homens de todas as épocas. É verdade que algumas sociedades renunciaram a ele na prática, quer em virtude de circunstâncias históricas concretas, quer por causa de um claro processo de decadência moral. No entanto, nunca deixou de haver quem o defendesse e vivesse;

2º Porque esses princípios do Direito natural correspondem à melhor maneira de realizar as aspirações próprias do amor entre um homem e uma mulher. Para chegarmos a esta conclusão, bastam-nos, como vimos, as luzes da nossa razão natural;

3º Por fim, porque o próprio Deus assim o revelou no livro do Gênesis e Jesus Cristo o confirmou na sua pregação. E quis fazê-lo expressamente, porque conhecia a ignorância e a fraqueza do nosso conhecimento natural nessas matérias, em que entram em jogo interesses e paixões pessoais que turvam com facilidade a clareza do raciocínio.

90. Podem-se especificar esses textos de Gênesis e do Evangelho?

Esses textos são:

1º Gênesis: *Deus criou o homem à sua imagem*; *criou o homem e a mulher*; *e os abençoou dizendo-lhes*: «*Procriai e multiplicai-vos e enchei a terra*» (Gen 1, 27); *Não é bom que o homem esteja só*; *dar-lhe-ei uma auxiliar que lhe seja semelhante* [...]. *Por isso o homem deixará seu pai e sua mãe para unir-se à sua mulher*; *e os dois serão uma só carne* (Gen 2, 19-24);

2º Evangelho: *Os fariseus vieram perguntar-lhe para pô-lo à prova*: «*É permitido a um homem rejeitar a sua mulher por qualquer motivo?*» *Respondeu-lhes Jesus*: «*Não lestes que o Criador no começo fez o homem e a mulher e disse*: *"Por isso o homem deixará seu pai e sua mãe para se unir à sua mulher*; *e os dois serão uma só carne"?*» *Portanto, não separe o homem o que Deus uniu* (Mt 19, 3-9).

91. Quais são as finalidades do matrimônio?

As finalidades do matrimônio, segundo a lei natural e a divina, são portanto:

1º a procriação e educação dos filhos (*Crescei e multiplicai-vos*);

2º o bem dos cônjuges, que abrange o amor, a satisfação sexual, a complementação das personalidades, a ajuda mútua, etc. (*E serão os dois uma só carne*).

92. Estas finalidades são independentes?

Não. Estas finalidades estão unidas. Deus deu ao homem a atração sexual para que realizasse a relação conjugal, a qual, por sua vez, deve estar aberta à possibilidade da procriação.

O novo Catecismo sublinha esta afirmação, profundamente arraigada no pensamento cristão: «Pela união dos esposos realiza-se o duplo fim do matrimônio: o bem dos cônjuges e a transmissão da vida. Estes dois significados ou valores do casamento não podem ser separados sem alterar a vida espiritual do casal e comprometer os bens matrimoniais e o futuro da família. Assim, o amor conjugal entre o homem e a mulher atende à dupla exigência da fidelidade e da fecundidade» (n. 2363).

Mais adiante, esse texto aprofunda na mesma ideia: «A fecundidade é um dom, *um fim do matrimônio*, porque o amor conjugal tende naturalmente a ser fecundo. O filho não vem de fora acrescentar-se ao amor mútuo dos esposos; surge no próprio âmago dessa doação mútua, da qual é fruto e realização. A Igreja, que "está do lado da vida" (*FC* 30), ensina que "qualquer ato matrimonial deve permanecer aberto à transmissão da vida" (*HV* 11). "Esta doutrina, muitas vezes exposta pelo Magistério, está fundada na conexão inseparável, que Deus quis e que o homem não pode quebrar por sua iniciativa, entre os dois significados do ato conjugal: o significado unitivo e o significado procriador" (*HV* 12; cf. Pio XI, Encíclica *Casti connubii*)» (n. 2366).

93. Que acontece quando, na relação sexual, se evita voluntariamente, com métodos artificiais, a possibilidade de gerar um filho?

Acontece que se frustra a própria natureza do amor humano e, com ela, o ato criador de Deus através do qual nasce a vida humana.

94. Quando se dá esse ato criador de Deus através do qual nasce a vida humana?

Dá-se na relação sexual que une o homem e a mulher e por meio da qual se opera a fecundação, ou seja, a fusão do espermatozoide masculino com o óvulo feminino. Nesse momento, Deus, que determinou que através dessa relação fosse concebido um novo ser, cria imediatamente a alma espiritual.

95. Com isto se quer dizer que os cônjuges «cooperam» com Deus na transmissão da vida?

Exatamente. Podemos dizer que os esposos «cooperam» com Deus na transmissão da vida, e é por isso que frequentemente se denomina *procriação* à geração dos filhos e ato *procriador* ao ato sexual.

O novo Catecismo refere-se a esse conceito de uma maneira muito expressiva: «Chamados a dar a vida, os esposos participam do poder criador e da paternidade de Deus (cf. Ef 3, 14; Mt 33, 9). "Os cônjuges sabem que, no ofício de transmitir a vida e de educar – o qual deve ser considerado como missão própria deles –, são *cooperadores do amor de Deus criador* e como que seus intérpretes. Por isso desempenharão o seu múnus com responsabilidade cristã e humana" (*GS* 50, 2)» (n. 2367).

96. Que qualificação moral têm os atos pelos quais se evitam os filhos por métodos artificiais?

São atos gravemente pecaminosos, porque em vez de se «cooperar» com Deus, só se «coopera» com a realização do prazer pessoal. E isto constitui uma grave perturbação na ordem da criação.

97. Que aconteceria se os cônjuges, antes do casamento, determinassem não ter filhos?

Se isso viesse a acontecer, o matrimônio seria considerado inválido ou nulo à face de Deus e das leis da Igreja.

98. Por que o Concílio Vaticano II diz que o «amor é fecundo», que «está ordenado naturalmente para

a procriação» e que «os filhos são o dom mais excelente do matrimônio»?

O Concílio expressa-se dessa maneira por várias razões:

1º Porque o instinto da maternidade e da paternidade são dos instintos naturais mais fortes da espécie humana;

2º Porque a relação conjugal, pela sua própria natureza, além de unir profundamente os esposos – é o ato de amor conjugal por excelência –, propicia o nascimento de uma nova vida; é portanto inseparavelmente um ato procriador;

3º Porque desunir o ato do amor do ato procriador significa uma radical desvirtuação das leis da vida – leis naturais – e das leis de Deus e, portanto, uma grave ofensa ao Criador.

99. Como, pois, conseguir de modo consciente que o amor seja fecundo, de acordo com os desígnios de Deus e as orientações da Igreja?

Vivendo o que se denomina a *paternidade responsável*, como veremos mais adiante.

V
As propriedades do matrimônio

100. O Direito natural, expressão do plano de Deus, determina alguma coisa a respeito das propriedades do matrimônio?

O Direito natural determina que o matrimônio tem duas propriedades:

1º a *unidade*, e;
2º a *indissolubilidade.*

101. Que significa unidade?

Unidade significa que o casamento se realiza entre um só homem e uma só mulher. É o que se chama também *união monogâmica.*

102. Existem outras formas de união conjugal?

Além da monogamia, existem:

1º a *poligamia* (união de várias mulheres com um só homem), o que contraria a igualdade dos sexos, pois faz da mulher um simples instrumento de prazer ou de reprodução do marido, e favorece assim o desregramento sexual; por outro lado, não permite que se forme o ambiente de intimidade e segurança necessário à educação dos filhos;

2º a *poliandria* (união de vários homens com uma só mulher), que tem caráter excepcional; este tipo de união merece as mesmas críticas que o anterior, além de dificultar o reconhecimento da paternidade e de provocar a esterilidade da mulher;

3º a *promiscuidade* (poligamia e poliandria misturadas de forma anárquica), que só aparece nos estágios finais de degradação da família e da sociedade.

103. Por que o desígnio de Deus, expressado no Direito natural, estabelece que só o matrimônio monogâmico é verdadeiro matrimônio?

Porque, como acabamos de ver, o regime monogâmico é o único que garante ao matrimônio a plena realização dos fins para os quais foi instituído por Deus: a união dos esposos com pleno respeito da sua igualdade e dignidade e a criação e educação dos filhos.

Mesmo do ponto de vista da simples sexualidade – como afirma o psiquiatra vienense Viktor Frankl, judeu de religião – o processo de amadurecimento da pessoa conduz por si mesmo à atitude monogâmica, se não for desviado por algum dos distúrbios que vimos acima. Na pessoa normal, «a tendência sexual dirige-se exclusivamente àquela companheira única que a tendência amorosa lhe ditou. Por conseguinte, a rigor, o homem realmente amadurecido só pode desejar sexualmente a pessoa que ama; para ele, só se pensa numa relação sexual quando a sexualidade pode ser expressão de amor. Neste aspecto, a íntima capacidade para contrair uma relação monogâmica tem que impor-se como o verdadeiro critério da maturidade erótico-sexual de um indivíduo. A atitude monogâmica é, pois, ao mesmo tempo a última fase da evolução sexual, a meta final da pedagogia sexual e o ideal da ética sexual»[35].

Estas palavras são confirmadas pelos resultados de algumas pesquisas de opinião recentes sobre os hábitos sexuais da população, feitas com o cuidado de evitar os erros de critério cometidos em estudos anteriores. No relatório *Sexo na América*: *una análise definitiva*, elaborado por sociólogos das Universidades de Michigan e Nova York, conclui-se que os índices de satisfação sexual, a frequência de relações e o número de orgasmos nas relações são muito maiores entre pessoas casadas do que entre pessoas solteiras de «vida livre» (a «satisfação» é de 88% contra 54%, respectivamente, para os americanos)[36]. Sente-se a tentação de comentar que, por fim, os cientistas sociais parecem ter começado a descobrir o óbvio...

Numa perspectiva mais ampla, continua plenamente válida a clássica análise feita por Jacques Leclercq: «De harmonia com a natureza, que traz ao mundo praticamente *o mesmo número de seres humanos dos dois sexos*, o casamento monogâmico é o único que garante uma união tão estreita quanto possível, a *união por toda a vida*, do homem e da mulher, estabelecendo entre eles uma *solidariedade com-*

pleta e assegurando a *igualdade fundamental* a que a mulher tem tanto direito como o homem. O casamento monogâmico é também o único em que os dois esposos formam *uma só entidade moral relativamente à educação dos filhos.* Noutros termos, o regime monogâmico é o único em que os esposos constituem verdadeiramente uma família, centro da vida a dois. Nos outros regimes, estabelece-se necessariamente uma separação entre homens e mulheres, em detrimento da unidade do lar e da educação dos filhos.

«*União moral*: o casamento monogâmico é o único que favorece a união moral dos esposos, a união de suas vidas para além da simples satisfação das paixões carnais. *União em pé de igualdade*: o casamento monogâmico é o único que se harmoniza com a dignidade da mulher, igual ao homem. *Unidade familiar*: o regime monogâmico é o único que permite a educação dos filhos pelo pai e pela mãe juntos, unidos na obra comum da família»[37].

Do ponto de vista social, comprova-se também que só a família monogâmica é capaz de educar os filhos para serem cidadãos plenos. Um artigo recente publicado no *Wall Street Journal* afirma rotundamente: «Nenhuma outra instituição social se revelou mais apropriada do que o casamento para cuidar das necessidades humanas. Mas é uma instituição que tem estado sob muita pressão nos últimos anos, e ninguém sofreu mais as consequências do que as crianças». E acrescenta: «Já está bem documentado que as crianças que não vivem com ambos os pais têm maior probabilidade de crescer em meio à pobreza e ter problemas na escola e com a lei. Um estudo recém-publicado do *Family Council* dos Estados Unidos apresenta conclusões semelhantes. Revela, por exemplo, que crianças que crescem sem a presença do pai têm cinco vezes maior probabilidade de serem pobres do que aquelas que vivem com ambos os pais. Para as classes em que o declínio do casamento tem sido mais agudo, 57% das crianças de lares sem pai vivem na pobreza, enquanto apenas 15% das crianças de famílias intactas são pobres. Uma outra descoberta, menos surpreendente, é que o crime violento entre os jovens [filhos de pais separados] aumentou seis vezes entre 1960 e 1992»[38].

Por fim, vale a pena registrar que, apesar da esmagadora pressão social em favor do divórcio e do «sexo livre», que por vezes assume aspectos de uma verdadeira «lavagem cerebral» por parte da mídia, o ideal da fidelidade está voltando a ganhar terreno entre os jovens: «A nossa geração cresceu com pais separados e ouviu todos dizerem que casamento não dá certo. Mesmo assim, queremos casar na igreja e convidar os netos para comer macarronada daqui a muitos anos»[39].

104. Que significa a indissolubilidade?

Em si mesma, a palavra *indissolubilidade* significa apenas que o matrimônio não pode ser dissolvido pelo *divórcio*; mas, para além desse sentido meramente negativo, vimos já que significa principalmente algo mais profundo: a *fidelidade conjugal*, salvaguarda da *unidade* entre os esposos.

O novo Catecismo frisa precisamente esta relação entre indissolubilidade e fidelidade: «O casal de cônjuges forma "uma íntima comunhão de vida e de amor que o Criador fundou e dotou com leis próprias. É instaurada pelo pacto conjugal, ou seja, pelo consentimento pessoal irrevogável" (*GS* 48, 1). Os dois entregam-se definitiva e totalmente um ao outro. Já não são dois, mas formam doravante uma só carne. A aliança livremente contraída pelos esposos impõe-lhes a obrigação de a manter una e indissolúvel (cf. CIC, cân. 1056). *O que Deus uniu, o homem não o separe* (Mc 10, 9).

«A fidelidade exprime a constância em manter a palavra dada. Deus é fiel. O sacramento do Matrimônio faz o homem e a mulher entrarem no âmbito da fidelidade de Cristo à sua Igreja. Pela castidade conjugal, eles dão testemunho deste mistério perante o mundo» (n. 2365).

105. Qual é a diferença entre desquite ou separação e divórcio?

Desquite é a separação dos cônjuges sem que exista ruptura do vínculo: as pessoas separam-se, mas continuam casadas.

O divórcio é a separação acompanhada de ruptura do vínculo, e, segundo a legislação brasileira, permite contrair novo matrimônio civil.

106. A Igreja permite a separação?

A Igreja só permite a separação quando não há outro meio de solucionar uma desavença matrimonial, a fim de evitar males maiores como os maus-tratos de um dos cônjuges e os maus exemplos para os filhos.

O novo Catecismo diz a este respeito: «A *separação* dos esposos com a manutenção do vínculo matrimonial pode ser legítima em certos casos previstos pelo Direito canônico (cf. CIC, cân. 1151-1155)» (n. 2383).

107. A pessoa desquitada pode comungar?

Só o fato de estar desquitada não impede a pessoa de receber o sacramento da Eucaristia. O que importa é que não se junte a outra pessoa para viver maritalmente. Se for este o caso, não poderá receber a Eucaristia enquanto não se separar e fizer a confissão oportuna.

108. A Igreja aceita o divórcio?

A Igreja não aceita o divórcio por dois motivos:

1º porque contraria o Direito natural, que é o plano de Deus;

2º porque contraria os mandamentos explícitos e positivos de Deus criador e de Jesus Cristo.

109. Por que o divórcio contraria o Direito natural?

Porque destrói a fidelidade do matrimônio e prejudica profundamente a educação e a personalidade dos filhos.

1º A simples possibilidade de separação dos cônjuges deforma *a mentalidade* com que se contrai o matrimônio. A união total dos cônjuges exige que estejam dispostos a *superar juntos* as inevitáveis tensões e contratempos da vida matrimonial, e a crescer e amadurecer pessoalmente com essas dificuldades. Praticamente todos os problemas matrimoniais, mesmo os aparentemente insolúveis, acabam por superar-se e contribuir para aprofundar o amor do casal quando há uma decidida disposição de não romper o relacionamento sob nenhuma hipótese. Em contrapartida, se se faz depender a união das disposições sexuais ou sentimentais – passageiras, como todos sabemos – ou de um desejo egoísta de bem-estar, é praticamente certo que à primeira dificuldade ocorrerá a ruptura. «Ficaremos juntos enquanto durar o nosso amor» é uma condição que envenena e vicia o amor na sua própria raiz; a sua tradução correta deveria ser: «Só estou disposto a suportar você enquanto me der mais prazer do que problemas»;

2º Em consequência, a possibilidade do divórcio expõe a parte mais fraca – geralmente a mulher ou os filhos – a ver-se abandonada precisamente quando mais necessidade teria de apoio e ajuda: ao declinarem a beleza e o vigor físicos, ou quando aparecem prolongadas situações de doença ou de dificuldades materiais. Desse modo, lesa a *igualdade* das partes;

3º A atitude egoísta que o divórcio fomenta abre as portas à infidelidade conjugal, à «união livre» temporária e ao desregramento sexual. Em todos os países onde foi introduzido como «remédio restrito aos casos extremos» (infidelidade habitual ou decadência moral de um dos cônjuges), o divórcio acabou por generalizar-se, destruindo um sem-número de casamentos que teriam podido consertar-se se não existisse essa "rota de fuga», e por desacreditar finalmente a própria instituição do matrimônio;

4º Do ponto de vista dos filhos, as consequências são simplesmente devastadoras. Comentava o já citado artigo do *Wall Street Journal*: «O divórcio e a paternidade fora do casamento são responsáveis por muitos dos males aparentemente incuráveis que acometem a nossa sociedade. Gravidez na adolescência, pais ausentes, delinquência juvenil, pobreza infantil – o denominador comum que liga tudo isso é o declínio do casamento e, com ele, a queda no número de crianças educadas em lares estáveis e seguros. Não seremos capazes de resolver esses problemas [...] enquanto não recriarmos uma "cultura do casamento". Os valores do casamento e da permanência conjugal devem novamente ser as preocupações centrais»[40].

110. Além disso, o divórcio contraria os mandamentos de Deus?

Sim; além disso, o divórcio contraria os mandamentos da lei explicitamente manifestada por Deus aos homens, como diz claramente o Evangelho: *Disseram-lhe eles* [os fariseus]: *Por que, então, Moisés mandou dar um documento de divórcio à mulher ao repudiá-la? Jesus respondeu-lhes: Por causa da dureza dos vossos corações; mas no começo não foi assim* (Mt 19, 7-9).

O novo Catecismo resume a doutrina da Igreja da seguinte forma: «O divórcio é uma ofensa grave à lei natural. Pretende romper o contrato livremente consentido pelos esposos de viverem um com o outro até à morte. O divórcio lesa a Aliança de salvação da qual o matrimônio sacramental é o sinal. O fato de se contrair uma nova união, mesmo que reconhecida pela lei civil, aumenta a gravidade da ruptura; o cônjuge recasado passa a encontrar-se em situação de adultério público e permanente» (n. 2384).

«O caráter imoral do divórcio deriva também da desordem que introduz na célula familiar e na sociedade. Esta desordem acarreta graves danos: para o cônjuge que fica abandonado; para os filhos, traumatizados pela separação dos pais, e muitas vezes em desavença entre si; e pelo seu efeito de contágio, que faz dele uma verdadeira praga social» (n. 2385).

«Pode acontecer que um dos cônjuges seja a vítima inocente do divórcio decidido pela lei civil; neste caso, não viola o preceito moral. Existe uma diferença considerável entre o cônjuge que se esforçou sinceramente por ser fiel ao sacramento do Matrimônio e se vê injustamente abandonado, e aquele que, por uma falta grave da sua parte, destrói um casamento canonicamente válido» (n. 2386).

111. Quando um católico se divorcia, pode casar-se pela segunda vez?

Quando um católico se divorcia, não pode voltar a casar-se, nem pelo civil nem pelo religioso. Se o fizer pelo civil, por ser permitido pela lei, comete pecado grave.

Isto vale também, apesar da sua aparente dureza, para o cônjuge injustamente abandonado. É precisamente porque está em jogo um valor socialmente importantíssimo – a fidelidade – que não se podem admitir exceções nesta matéria.

112. A pessoa divorciada e «recasada» pode confessar-se e comungar?

Esse pecado cria um *estado de irregularidade* que – segundo determina a Igreja – impede a pessoa de *confessar-se* (enquanto não se separar do seu companheiro ou viver com ele sem ter relações sexuais nem causar escândalo), bem como de *comungar*, porque não está em estado de graça, condição indispensável para se receber a Eucaristia.

Como é evidente, a pessoa que se encontra civilmente divorciada sem culpa própria, ou que foi abandonada pelo cônjuge, pode confessar-se e comungar regularmente, como qualquer católico, se está em graça de Deus. Só deixaria de poder fazê-lo se contraísse uma nova união, pois estaria assim demonstrando com a sua atitude que ratifica a separação da qual, até então, foi apenas uma vítima inocente.

113. Que devemos fazer quando encontramos casais que vivem nessa situação?

Devemos tratá-los com extrema caridade, convidá-los a frequentar a Santa Missa e os meios de formação católica, e ir pouco a pouco tentando ajudá-los a resolver a sua situação da maneira mais adequada.

114. Que conclusões práticas se devem tirar da indissolubilidade do matrimônio e da impossibilidade do divórcio?

Poderíamos apontar principalmente as seguintes:

1º Que os noivos devem casar-se com a firme disposição de permanecer fiéis um ao outro «na alegria e na tristeza, na saúde e na doença, até que a morte os separe», sabendo que a sua felicidade dependerá da generosidade e da entrega que puserem em cumprir essas condições;

2º Que devem preparar-se pessoalmente para ser capazes de estar à altura dessas exigências;

3º Que devem escolher muito bem o cônjuge, perguntando-se: «Eu seria capaz de viver com esta pessoa para sempre? Ela será uma boa mãe ou ele será um bom pai para os meus filhos? Oferece garantias suficientes de que permanecerá fiel?»;

4º Que é vital não se deixarem arrastar levianamente pela paixão, mas manter suficiente clareza de raciocínio para julgar com acerto;

5º Que devem esforçar-se por levar sempre uma profunda vida cristã, apoiada na oração, nos sacramentos e na luta por praticar as virtudes cristãs, pois esta é a melhor garantia de que serão capazes de cumprir até o fim os compromissos assumidos e o melhor apoio nas horas de crise.

VI
Os diferentes aspectos do amor conjugal

115. O amor é um mero sentimento?

Não, o amor não é um mero sentimento. O sentimento é passageiro, está em excessiva dependência das circunstâncias físicas, biológicas e hormonais, que podem mudar. O autêntico amor é estável e permanente.

116. Que vem a ser então o amor conjugal?

É difícil dizê-lo: é uma realidade complexa que se presta a equívocos. Mas a Encíclica *Humanae Vitae* ajuda-nos a defini-lo, de acordo com as seguintes características:

1º É um amor *plenamente humano*, que abrange o espiritual e o sensível; não é apenas um ímpeto do instinto ou do sentimento, mas também, e principalmente, um ato da vontade livre que cresce com as alegrias e as dores da vida cotidiana, de tal forma que os esposos se tornam um só coração e uma só alma;

2º É um amor *total*, em que os esposos compartilham tudo generosamente, sem reservas egoístas: um não ama o outro apenas pelo que dele recebe, mas por ele mesmo, porque pode enriquecê-lo com o dom de si próprio;

3º É um *amor fiel e exclusivo*, até à morte. A fidelidade pode ser difícil, mas será sempre nobre, meritória, e fonte de uma profunda felicidade;

4º É um amor *fecundo*, destinado a suscitar novas vidas, que são o dom mais excelente do matrimônio e um grande bem para os pais.

Vemos nesta conceituação do amor conjugal que ele compreende vários degraus ascendentes: o *sexual*, o *afetivo*, o *intelectual*, o *espiritual* e o *transcendente*.

Estes degraus não estão separados, mas integram-se num todo único, como diz o novo Catecismo: «A sexualidade, mediante a qual o homem e a mulher se doam um ao outro pelos atos próprios e exclusivos dos esposos, não é de maneira nenhuma algo puramente biológico, mas diz respeito ao núcleo íntimo da pessoa humana como tal. Só se realiza de maneira verdadeiramente humana se for parte integrante do amor com que homem e mulher se comprometem totalmente um com o outro até à morte» (n. 2361).

117. Não se podem explicitar mais esses degraus ascendentes do amor conjugal?

Todos esses aspectos correspondem também a uma sistematização clássica que explicitamos a seguir:

1º O *amor de apetência* (amor *afrodítico* ou venéreo), que constitui o nível mais baixo do amor e consiste na atração sexual e na satisfação física proporcionada pela outra pessoa;

2º O *amor de complacência* (amor *erótico*). Neste segundo nível, o componente afetivo tem um papel importante: valorizam-se mais as virtudes da pessoa humana e a expressão dos seus sentimentos. Mas ainda conta muito o fator de agrado, de complacência pessoal, com um forte componente de egocentrismo;

3º O *amor de benevolência* (amor de *filia* ou amizade). A pessoa que chega a este nível de amor só deseja o bem do ser amado: é o que significa *benevolere*, querer bem. Considera-se como seu exemplo mais representativo o amor da mãe. Quando este enriquece o amor conjugal, eleva-o ao seu grau humano natural mais alto, pois se ama em primeiro lugar *a pessoa* do cônjuge, e só a ela, por ser quem é;

4º O *amor de transcendência* (amor de *ágape* ou caridade). É o amor que se tributa ao outro não só em função dele – como o de benevolência –, mas por Deus. Ultrapassa os limites naturais e entra no âmbito do transcendente. Já não se ama o ser humano apenas enquanto *pessoa*, mas enquanto *filho de Deus*. A característica mais radical deste amor – a *caritas* cristã – é que chega a incluir até os inimigos; e a sua manifestação mais clara, a disposição de dar a vida pelos outros. O modelo deste amor é o próprio Cristo.

118. Estes diferentes planos são independentes ou estão interligados?

Estes planos não estão separados; cada um deles não dispensa o inferior nem anula o anterior, mas incorpora-os. As relações conjugais entrelaçam-se de modo semelhante ao dos fios que compõem uma corda; todos contribuem para a sua força e coesão. O amor de transcendência pressupõe e reclama que a apetência, a complacência e a benevolência ocupem o lugar que devem ocupar. Cada nível compreende, supera e torna mais pleno o anterior: todos eles, portanto, abrangem o amor sexual, porque, caso contrário, não fariam parte do amor *conjugal*, mas não se detêm nele; vão-se incorporando e elevando, à maneira de uma pirâmide, até o seu cume, que é o amor de transcendência.

Se algum deles se fecha em si mesmo, estagna e apodrece. Na expressão de Santo Agostinho, no amor não se pode dizer «basta»: *a medida do amor é não ter medida*. Se não se lhe dá cada vez mais combustível, o seu fogo apaga-se: esta é a essência do seu dinamismo. Deste modo, a caridade cristã confere ao amor humano, mesmo nas suas manifestações mais primitivas, uma potencialidade capaz de ultrapassar as limitações do humano para chegar à transcendência do divino[41].

119. Que consequência se pode tirar desta ideia?

A partir dela, pode-se estabelecer como que uma lei específica que designaríamos por *lei da autoelevação ou autodegradação do amor*: o amor ou se eleva ou se degrada.

Assim, se fica estagnado no puro amor de apetência – amor sexual –, se não envolve um componente afetivo que se eleve até ao amor de complacência, degrada-se até o nível do animalesco ou mais baixo ainda.

Se, por sua vez, o amor de complacência não se eleva até ao plano da benevolência – amar o outro até o sacrifício –, não consegue manter-se no patamar afetivo e vai resvalando para o egoísmo sexual.

E se o amor de benevolência não se abre, no matrimônio cristão, para a ordem sobrenatural do amor de transcendência, é muito difícil que mantenha o equilíbrio. A caridade sobrenatural e a graça sacramental constituem uma grande força para vencer as crises matrimoniais. A graça que ajuda a amar os próprios inimigos ajuda muito mais a amar o outro cônjuge, que é filho de Deus e, além disso, é a criatura com quem se estabeleceu o compromisso – como «consorte» – de compartilhar a mesma vida, a mesma sorte.

Quando não se respeita esta lei, o matrimônio desaba; quando, pelo contrário, se chega até ao último nível, quase todos os problemas matrimoniais se ultrapassam com facilidade.

120. Como se pode conseguir ascender aos sucessivos estágios do amor descritos anteriormente?

Não se consegue ascender a todos esses degraus sem esforço e entrega; torna-se necessário *aprendê-lo.*

Namorar alguém não é o mesmo que compartilhar amorosa e sacrificadamente, no cotidiano, toda a existência dessa pessoa. A vida matrimonial é longa e complexa, como uma demorada viagem intercontinental empreendida numa barca frágil e sem que se tenha tido experiência prévia de navegação. Aprender a arte de navegar requer, portanto, um *ensinamento teórico* que será preciso complementar por meio de uma *aprendizagem prática.*

A teoria pode ser aprendida na secular escola do cristianismo, através de algum dos muitos meios de formação oferecidos pela Igreja, como por exemplo o aconselhamento de um casal idôneo ou de um sacerdote experiente, um ciclo de palestras, um curso de noivos, etc.

A prática inicial pode ser oferecida pelo trato humano na vida social e pelo namoro. Um namoro suficientemente prolongado e corretamente vivido, mesmo sem implicar ainda uma decisão definitiva, pode constituir uma boa garantia para um casamento certo, indicando quando, como e onde se deve iniciar a viagem definitiva.

Já a *prática permanente* só é fornecida pela própria experiência da vida matrimonial, que significa uma aprendizagem longa, continuada e progressiva, que não termina nunca: cada etapa é um estágio que permite viver melhor a seguinte.

É preciso, porém, respeitar as leis do aprendizado: em primeiro lugar, dedicar o *tempo* necessário, pois não se aprende a arte de amar em um ano nem nas primeiras tentativas. E depois, *paciência e treinamento*, repetição de tentativas: os apressados e imprevidentes são imaturos, e o amor pleno não é para imaturos. Os que o são terão de passar – por meio do esforço pessoal – da imaturidade do adolescente, do seu romantismo espontâneo, para a árdua mas bela maturidade do adulto, no sentido mais cabal da expressão.

121. Como aprender as diferentes modalidades do amor?

Amar, repetimos, não é um simples impulso, um mero sentimento, mas compromete toda a personalidade. É um verbo de muitas acepções – como víamos – algumas equívocas, outras difíceis de viver e assimilar. Um verbo cujos múltiplos tempos e modalidades é preciso saber conjugar: aprendendo progressivamente a *respeitar*, *compreender*, *perdoar*, *esperar*, *carregar*, *servir* e *sorrir* ao mesmo tempo.

122. Em que consiste *respeitar* o outro cônjuge?

Consiste em respeitar as características próprias de cada sexo e também as próprias de cada personalidade.

123. Que significa respeitar as características do outro sexo?

Significa, em primeiro lugar, aceitar o outro como ele é; e ele é fundamentalmente diferente. Essa diferença começa já pela distinção específica dos sexos: quantos problemas matrimoniais se solucionariam se os esposos soubessem respeitar essa diferença elementar!

O *homem*, em geral – sem querer estabelecer padrões rígidos –, tem um espírito mais objetivo, racionalista e planejador; a *mulher*, habitualmente, tende mais para as pequenas coisas concretas e para os sentimentos: um ramo de rosas no dia do aniversário de noivado pode representar para ela muito mais – é um símbolo de ternura – do que um maço de notas deixado pelo marido sem uma palavra de carinho. Este contraste psicológico pode levar o marido a dizer que se casou com um ser complicado, cheio de «lirismos»; e inclinar a mulher a pensar que se casou com uma pessoa egoísta e grosseira. Essas desavenças íntimas terminam às vezes em tristes decepções.

O homem gosta de sentir-se superior: a força que protege a fraqueza. A mulher experimenta o orgulho de sentir essa força consagrada a seu serviço: é belo experimentar a sensação de que a energia masculina trabalha para a sua felicidade, ainda que faça questão de aparentar que é o marido quem manda.

A mulher, em geral, tem a grande virtude de entregar-se sem medida, mas também deseja que o homem a ame não apenas acima de qualquer mulher, mas também acima de qualquer interesse. Quer do marido não só o corpo, mas a alma. As mulheres são dotadas de um especial carisma para arrancar segredos e levar o marido ao terreno das confidências íntimas. Quando o marido se mostra reservado, especialmente no terreno profissional – porque pensa que a esposa não lhe poderá oferecer grandes subsídios –, fica aflita. Particularmente quando se escolhe um amigo para esse tipo de confidências, ou a mulher fica ciumenta, pensando que o marido tem mais confiança nesse amigo, ou pensa que ele não a ama.

O homem, com certa frequência, tende a *utilizar* a mulher. Pensa que trabalha demais e que tem o direito de fruir em casa do merecido descanso, esquecendo-se de que a esposa também passou o dia inteiro, como ele, ocupada em tarefas igualmente nobres e esgotadoras, como são as lides domésticas e, muitas vezes, um trabalho fora do lar. Isto pode provocar na mulher um certo sentimento de inferioridade.

Mas essas diferenças tornam-se ainda mais profundas no que se refere à própria relação sexual. O homem, em geral, é mais carnal; a mulher mais afetiva. O homem procura diretamente o orgasmo; a mulher, a ternura. Por isso, quando a mulher se recusa a ter relações sexuais sem muitos preâmbulos, a virilidade masculina sente-se ferida. E quando, em sentido inverso, se exige da mulher que tenha relações sem a ternura necessária, ela se sente «instrumentalizada».

São, porém, todas elas diferenças que, em vez de dividir, como acontece com frequência, deveriam unir: marido e mulher devem complementar-se precisamente naquilo que um não tem e o outro possui como algo de peculiar e característico. «O homem precisa, na realidade, dessas qualidades femininas que lhe faltam, e a mulher, das qualidades masculinas. É uma espécie de apoio que o homem não encontra nos outros homens, nem a mulher nas outras mulheres»[42].

124. Que significa respeitar a personalidade do outro?

O respeito não se limita ao aspecto que acabamos de mencionar. Abrange toda a personalidade do outro cônjuge.

Respeitar o outro cônjuge é acolhê-lo, aceitar as suas ideias, os seus sentimentos e as suas atitudes, o seu modo de ser completo. Numa palavra: *sintonizar*. Que alegria experimentamos quando encontramos alguém que em tudo nos aceita, que em nada nos julga ou critica e que, no entanto, nos eleva!

125. Que se entende por *compreender* o outro cônjuge?

Compreender o outro cônjuge é identificar-se de alguma maneira com a sua personalidade, viver as suas penas e alegrias e rejubilar-se com os seus ideais e empreendimentos. Mais do que um mero conhecimento racional, é, por conseguinte, uma tarefa da mente feita com o coração: um *conhecimento cordial*.

Sabemos muitas coisas, mas compreendemos poucas, porque não penetramos cordialmente na vida dos outros, não nos colocamos no seu lugar. Compreender é sentir na própria carne as carências físicas e morais do outro cônjuge, as suas penas, as suas alegrias, os seus desejos..., a sua solidão.

126. A que aspectos concretos leva a compreensão?

A compreensão leva a querer bem aos outros *como eles são*, a querer-lhes bem *com os seus defeitos* e, mais ainda, a querer-lhes precisamente *por terem defeitos*.

1º Querer bem ao cônjuge *tal como é*, pois ele é, como vimos, simplesmente *diferente* de nós. Os esposos precisam aprender a amar não apenas o que os une, mas também aquilo que os distingue: opiniões, gestos, programas... Não podem ser pessoas *monovalentes*, limitadas e estreitas, que se parecem com aquele «samba de uma nota só»...;

2º Querer-lhe bem *com os seus defeitos*. Os seres ideais não existem; o que existe são seres concretos, com as suas limitações, imperfeições e fraquezas. Se só pudéssemos amar os que são perfeitos, não poderíamos amar ninguém.

Deveríamos desejar para o outro cônjuge o que desejamos para nós; e nós intimamente desejamos ser compreendidos e desculpados, com as nossas luzes e as nossas sombras, com as nossas virtudes e os nossos pecados. E, em sentido paralelo, deveríamos também substituir o nosso espírito crítico negativo por um positivo *preconceito psicológico* de pensar e julgar favoravelmente;

3º Querer bem ao outro cônjuge por *ter defeitos*. Os que amam de verdade – como os pais – tratam com especial carinho *precisamente* o filho que tem maiores problemas. Quem padece de uma profunda limitação sofre muito; talvez experimente mais do que ninguém a solidão, e é por isso que tem necessidade de ser compreendido mais intimamente.

Os defeitos repugnam, afastam os outros. Quem assim se sente distanciado, abandonado, torna-se taciturno ou agressivo, isto é, mais antipático e, por causa disso, ainda menos atrativo: é um círculo vicioso que, no convívio permanente entre marido e mulher, pode converter-se numa verdadeira escalada de aversão mútua; só o carinho pode interrompê-lo. O carinho profundo desarma todos os mecanismos de ataque e defesa.

127. O que abrange a palavra *perdoar*?

Fruto saboroso da compreensão é o perdão. Perdoar é difícil, como também é difícil compreender, porque está em jogo o amor-próprio ou orgulho.

As ofensas recebidas parecem tanto mais afrontosas quanto maior nos pareça a dignidade ferida. E como o amor-próprio agiganta a nossa dignidade, pela mesma razão supervaloriza a ofensa.

Depois fervemos de indignação porque nos achamos no direito de exigir que se repare a justiça ferida. E pensamos que um modo adequado de o fazer é não perdoando. Também julgamos: «Perdoar é sinal de fraqueza». São dois motivos falsos. O primeiro porque é muito difícil ser bom juiz e fazer justiça em causa própria; e o segundo porque o homem será tanto mais magnânimo quanto maior for o seu perdão. O perdão engrandece-o; um homem que não perdoa amesquinha-se.

Uma personalidade forte está habitualmente inclinada à benignidade. Os santos perdoam facilmente porque sabem que Deus já os perdoou muito e vai ter de continuar a perdoá-los. Se queremos que Deus nos perdoe, temos de saber antes perdoar aos outros, como dizemos no Pai-Nosso.

Muitos abismos conjugais tiveram origem numa pequena ferida aberta por uma afronta que não foi perdoada: ficou em forma de mágoa. Depois, foi crescendo, por causa de outras ofensas a que a primeira deixou particularmente sensíveis, e converteu-se em ressentimento; e este, quando não é debelado, acaba por gerar o ódio. Não podemos dar espaço à mágoa, mas devemos perdoar sempre, perdoar sobretudo a «cara-metade» como nos perdoamos a nós mesmos; e fazê-lo no mesmo dia, antes de o dia acabar.

128. Que vem a ser *esperar*?

O amor é paciente, tudo espera, diz São Paulo (cf. 1 Cor 13, 4 e segs.). O amor-próprio, pelo contrário, é impaciente.

Cada cônjuge tem o seu ritmo psicológico e biológico. Há pessoas que às dez da noite estão «acabadas» e às seis da manhã se levantam lépidas; outras lembram as «aves noturnas»: a sua vitalidade dinamiza-se com a escuridão. Há cabeças lentas e dedutivas e outras rápidas e intuitivas. Há temperamentos românticos e sonhadores que conflitam com outros realistas e concretos. Acrescentemos a isso as diferenças de sexo, idade, educação e cultura, e teremos uma pálida ideia do que pode separar duas pessoas casadas. Se não vivem ambas a virtude da paciência, dominando a inquietação, a impaciência e a irritação, poderão cair num estado de conflito permanente.

O entendimento mútuo exige *a longa aprendizagem da espera*: acostumemo-nos a não exigir a satisfação imediata dos nossos desejos, a manter a serenidade perante a marcha lenta dos acontecimentos e, especialmente, a adequar-nos pacificamente ao ritmo vital do outro cônjuge, com os seus nervosismos e demoras e também com as suas limitações e defeitos irritantes.

129. Que sentido tem a palavra *carregar*?

Levai uns as cargas dos outros e assim cumprireis a lei de Cristo, diz o mesmo Apóstolo (Gal 6, 2). Temos a experiência do alívio que representa para nós a ação efetiva de quem nos tira das costas o fardo pesado de um trabalho esgotador, de uma angústia ou de uma necessidade. É preciso fazer o mesmo com a esposa ou o esposo.

É preciso evitar a menor manifestação de egoísmo na vida conjugal. O egoísta sempre pensa: «Se não tenho tempo para mim, como vou fazer o trabalho da minha mulher ou do meu marido?» A generosidade demonstra-se mais em darmos o nosso tempo do que o nosso dinheiro. O problema não consiste em ter muito ou ter pouco; o problema é um problema de amor.

Por amor à esposa, um homem prescinde com alegria dos seus gostos pessoais; por amor, uma mãe passa noites a fio ao lado da cama do filho doente; por amor a Deus e aos seus irmãos, os homens, dizia São Paulo gozosamente que *se gastava e se desgastava* (2 Cor 12, 15), transbordando de alegria em todas as suas tribulações (2 Cor 7, 4).

130. Mas como se podem levar as cargas do outro cônjuge?

Em primeiro lugar, começando por não ser uma carga para ele, vencendo os defeitos predominantes, não dando trabalho em casa, não exigindo cuidados e tratamentos especiais.

Em segundo lugar, *servindo*: servindo alegre e decididamente.

131. Amar também é *servir*?

Cristo disse que não tinha vindo para ser servido, mas para servir. Na Última Ceia, lavando os pés aos seus discípulos, realizou um gesto simbólico que resumia a sua atitude permanente, o seu substancial espírito de serviço.

Nós temos que imitá-lo nos mil pequenos detalhes do viver cotidiano: na diligência em colaborar com o trabalho doméstico, no caso do homem, e no interesse afetuoso pelas preocupações profissionais do marido, no caso da mulher; na boa disposição em assumir as tarefas mais pesadas, que são frequentemente as mais necessárias; na escolha do pior lugar em todas as reuniões familiares; na presteza em antecipar-se a abrir a porta ou atender ao telefone; na boa vontade em suprir a ausência da pessoa da família que cuida habitualmente de determinado serviço ou em aceitar um trabalho extra que contraria os nossos planos; no sacrifício de um programa pessoal no fim de semana para que o outro cônjuge possa descansar melhor, etc. etc.

132. Que importância tem o sorriso?

Os orientais têm um ditado encantador: «Quem não souber sorrir, que não abra uma loja». Poderíamos nós acrescentar: quem não souber sorrir, que não funde uma família, que não pretenda ser amado. Um sorriso pode ser mais elegante do que um longo discurso, ou a forma mais delicada de perdoar ou de esconder as penas.

Temos de saber cultivar a arte de ser amáveis, rejeitando qualquer forma de altivez que nos torne distantes, talvez frios. O sorriso cumpre essa função de aproximação, de amabilidade calorosa, como se fizesse abrir de par em par as portas do coração, como se fizesse murmurar: «Pode entrar, você está em casa, fique à vontade»..., ainda que às vezes o próprio coração esconda a amargura mais íntima.

O correr dos anos, as decepções do passado, as preocupações com o futuro, o cansaço e as doenças tenderão porventura a roubar aos esposos essa capacidade de dar um pouco da sua alma em forma de sorriso. Mas, ainda que lhes custe, não devem deixar que essas circunstâncias lhes arrebatem esse dom. Então, nesse esforço por tornar a vida do outro cônjuge mais grata, o sorriso se converterá sem dúvida no mais alegre de todos os sacrifícios. João Paulo I – o Papa do sorriso –, quando ainda cardeal, dizia num escrito sobre o Fundador do Opus Dei que ele tinha ensinado precisamente a converter a «tragédia diária» em «sorriso diário»[43].

133. Que valor tem *sacrificar-se* pelos outros?

O mesmo que *amar*: se não se chega a esse grau de amor, a caridade cristã esvazia-se. É como se da biografia de Cristo tirássemos a sua paixão e morte ignominiosa: não silenciaríamos apenas o último e mais importante capítulo de sua vida, mas estaríamos, na verdade, arrancando o sentido supremo da sua existência terrena – a Redenção através da Cruz – e o paradigma por excelência do amor humano: *Ninguém tem maior amor do que aquele que dá a vida pelos seus amigos* (Jo 15, 13).

Se observarmos atentamente todas as diferentes conjugações do verbo «amar» anteriormente formuladas – compreender, perdoar, esperar, carregar, servir, sorrir –, veremos que sempre esteve presente, como ingrediente fundamental, o *espírito de sacrifício.* Palavras, sentimentos, protestos de amor, entusiasmos, ternuras, sem a decisão de nos sacrificarmos efetivamente pela pessoa amada, são... efervescências de adolescente, atitudes sentimentaloides, puro lirismo.

Os esposos devem perguntar-se: como posso medir o meu amor pelo meu marido ou pela minha esposa? E a resposta só pode ser uma: pela medida dos sacrifícios que estiver disposto ou disposta a fazer por ela ou por ele.

134. Que benefícios advêm da conjugação dessas formas do verbo «amar»?

O exercício dessas diferentes formas em que se pode conjugar o verbo «amar» na vida cotidiana vai criando, pouco a pouco, uma rede de virtudes – fortes e flexíveis – que dão estrutura e vigor às relações conjugais. Se essas virtudes começarem a ser praticadas a partir do momento em que marido e mulher embarcam para a viagem definitiva e sem fim do amor conjugal, esses navegantes de primeira viagem – a lua de mel! – ir-se-ão tornando pouco a pouco marujos experientes: aprenderão a captar os primeiros sinais da tempestade e a desviar-se dela a tempo, ou, se tiverem de enfrentá-la, aprenderão a reparar o navio..., preparando-se para sair com maior firmeza e galhardia das novas tormentas que, sem dúvida, aparecerão ao longo dessa imensa travessia.

135. Esse maior esforço por viver as diferentes formas do verbo «amar» tem alguma relação com a vida espiritual e o crescimento no amor a Deus?

Não há dúvida de que essas diferentes formas de amar vão tornando o amor conjugal mais profundo e elevado, e de que, através dele, pode e deve elevar-se também o amor a Deus.

Para um casal cristão, um e outro amor têm de crescer ao mesmo ritmo. Onde procurar melhor combustível para impedir que o amor conjugal se apague, senão no amor a Deus? E, por sua vez, *como havemos de amar a Deus, a quem não vemos, se não amamos o próximo, a quem vemos?* (cf. 1 Jo 4, 20). E quem é *o mais próximo dos próximos* senão o cônjuge? Por conseguinte, amor conjugal e amor de Deus têm de crescer juntos, alimentando-se reciprocamente.

Este é o *ideal de santidade* que se abre aos que receberam o sacramento do matrimônio. No Evangelho, Cristo diz à multidão que o ouvia, sem distinguir entre pobres, ricos e remediados, cultos e ignorantes, solteiros e casados: *Sede perfeitos como vosso Pai celestial é perfeito* (Mt 5, 48). Se Ele estende o chamado à santidade a todos os batizados, e o povo cristão está constituído na sua imensa maioria por pessoas unidas pelo matrimônio, pensar que a santidade não é para os casados seria tanto como dizer que a santidade não é para a Igreja. E a maneira de se alcançar esse ideal, para os que são chamados ao matrimônio, passa necessariamente, não já como obstáculo a vencer, mas como meio positivo e imprescindível, pelo amor conjugal sacrificado e magnânimo.

VII
As crises do amor conjugal

136. Existe atualmente um problema mais acentuado de crises conjugais?

Sim, realmente existe. O mundo padece de uma epidemia: os problemas conjugais, os estados matrimoniais conflitantes indicam que a família está doente, e é urgente fazermos um diagnóstico para debelar a doença.

137. Que tipos de crise se podem diagnosticar?

Existem crises normais, decorrentes do próprio desenrolar da vida matrimonial, e que denominaríamos crises funcionais ou *fisiológicas*, e crises *patológicas** ou anômalas.

(*) O termo «patológicas», utilizado pelo catedrático de psiquiatria Enrique Rojas, não quer dizer que se trata de crises incomuns – não é incomum uma doença como a gripe – mas que correspondem a um comportamento errado por parte de um dos cônjuges ou de ambos. Cf. *Remédios para el desamor*, Temas de Hoy, Madri, 1990, págs. 152 e segs.

138. Que se entende por crise «normal»?

O mesmo que se entende quando se fala de «crises» do organismo humano: existem fases problemáticas – como a adolescência, a meia-idade, a menopausa – que provocam perturbações psíquicas e biológicas e que são consideradas normais, fisiológicas.

Acontece o mesmo no matrimônio. Este não é uma realidade estática, uniforme, mas dinâmica, um processo em desenvolvimento dotado de diferentes etapas nas quais aparecem habitualmente diversas fases críticas.

139. Podem-se especificar as etapas em que aparecem essas crises?

Essas etapas são:

1º A *etapa de adaptação*, que corresponde aos primeiros anos da vida conjugal. Vai-se aprendendo pouco a pouco a deixar de viver para si mesmo e a começar a viver para o outro cônjuge. O trajeto desta etapa costuma estar sulcado de pequenas dificuldades, pois não é fácil desprender-se do egoísmo e adaptar-se à mentalidade da esposa ou do marido. No entanto, esta é a principal tarefa do casal nesta fase, e nesses primeiros tempos é preciso ter em conta que tudo é importante, nada é desdenhável.

É necessário nesta etapa não só esforçar-se por conseguir o clímax próprio da relação sexual, a simultaneidade do orgasmo, mas aumentar a sensibilidade, a capacidade de captar em profundidade as ideias-mestras do outro cônjuge, os seus anseios mais íntimos e até os caprichos mais superficiais. Como é também indispensável ir-se despojando pouco a pouco do próprio *eu* tão amado, para amar ainda mais o *tu* que bate às portas da entrega total.

Em síntese: o cônjuge que, desde o início, não começa a exercitar o espírito de sacrifício tendo em vista o bem do outro acabará, no final das contas, por sofrer muito mais em etapas posteriores;

2º A *etapa de sedimentação.* Com a passagem do tempo, o casal já adquiriu uma certa solidez. A experiência começa a produzir os seus frutos. O conhecimento recíproco vai fornecendo os dados suficientes para se conseguirem fórmulas mais adequadas a uma convivência harmônica.

Apareceram os filhos, e com eles o casal entrou na escola do esquecimento próprio e da entrega: a tarefa comum de educá-los amortece os atritos mútuos.

Mas *este* processo de adaptação também é custoso. Surgem nesta etapa alguns problemas característicos: o espírito de competição, a oculta pretensão de dominar. Quando um dos cônjuges trata de se impor ao outro de forma autoritária, é difícil que se chegue à solidariedade necessária, a menos que a pessoa dominada se conforme com uma total submissão. Quando não é assim, pode aparecer a revolta ou, o que talvez seja pior, a mágoa recalcada e silenciosa que um dia explode inesperadamente.

É necessário buscar um equilíbrio inteligente, em que se delimite bem o papel de cada cônjuge e se definam as áreas de confluência mútua e as de responsabilidade pessoal e exclusiva. É mister ainda exercitar a arte de conviver, aprender a «negociar» com diplomacia, sem humilhar, e também aprender o difícil senso da oportunidade e da cautela;

3º A *etapa da meia-idade.* Na faixa dos 40-50 anos, chega-se ao «espigão» da vida. Atrás fica a encosta difícil, já superada. É a época dos balanços, a fase da melancolia. Toda a análise retrospectiva do passado tem algo de doloroso; tende-se quase sempre a cair em lamentos e a dramatizar.

As almas e os corpos estão frequentemente cansados; não se vislumbra nada de novo à frente. E aparece inevitavelmente o terrível perigo da monotonia, um tédio difuso nas relações conjugais: não se tem nada de novo para comentar, nada de novo para compartilhar, nada de novo para projetar...

Pode então aparecer a tentação de um falso rejuvenescimento: a esposa tinge os cabelos, o marido faz *cooper* matutino... e ambos sentem a necessidade de verificar se ainda são atraentes. E, ao lado dessa tentação, aparece outra mais perigosa: a da *infidelidade.* Já naufragaram nessa tentação muitos matrimônios que o tempo não amadureceu.

É preciso mudar as perspectivas, compreender que a monotonia e o tédio são fenômenos naturais que é indispensável superar: aprofundando mais no legítimo amor conjugal, no devotamento aos filhos talvez já casados, na abertura de novos ideais profissionais, no projeto de uma viagem de descanso mais prolongada, enfim, na *renovação da vida*, sem se perder de vista o ideal autêntico e original selado com o compromisso sacramental. É o momento de marido e mulher fortalecerem uma vida espiritual talvez até então inconsistente, de orarem juntos, de se situarem ao lado do Senhor que, tendo ressuscitado Lázaro, pode também rejuvenescer os seus corações e reavivar-lhes a alegria de viver;

4º A *etapa da velhice*, que não deve ser a fase da frustração, do desânimo, das saudades. Pelo contrário, deve ser a época dourada da vida – o outono da existência – em que, como num prolongado crepúsculo de verão, as linhas da paisagem, os horizontes da vida se tornam mais suaves, menos duros..., e o amor mais doce e terno, mais rico e autêntico.

É a época dos desvelos mútuos, do entusiasmo pelos netos. Para um cristão, é especialmente o momento em que se abre a perspectiva de vislumbrar a face de Deus, como tão ardentemente desejava o Salmista: *Procurarei, Senhor, o teu rosto* (Sl 26, 8).

Como vemos, a caminhada de um matrimônio cristão desenvolve-se segundo um processo natural e sobrenatural de amadurecimento. Cada etapa tem os seus «impasses», mas também os seus recursos e soluções. As crises naturais, fisiológicas – que são crises de crescimento e maturidade – podem trazer no seu bojo um valor escondido que enriqueça mais plenamente a etapa seguinte.

140. E qual a crise conjugal «anômala» mais característica?

A crise «anômala» mais comum ocorre quando, por egoísmo, os cônjuges dão excessivo peso ao tédio e à rotina, a ponto de deixar que abalem o seu casamento pela *infidelidade.*

Depois dos primeiros sete a dez anos de casamento, os cônjuges perdem parte dos seus atrativos naturais e sexuais, e paulatinamente vão tomando consciência em profundidade dos defeitos mútuos. O trato diário, a convivência doméstica, a rotina vai retirando os diferentes véus – às vezes, as máscaras – que cobrem toda a personalidade, e cedo ou tarde os esposos se defrontam com a realidade nua e crua.

Os filhos já lhes satisfizeram os desejos de maternidade e paternidade; marido e mulher perderam o encanto dos primeiros momentos; vão-se convertendo, pouco a pouco, mais do que em estímulo, em fardo pesado. E então aparece no horizonte matrimonial a perspectiva do que eles chamam *libertação*: perdi o amor, sinto-me agrilhoado por uma responsabilidade pesada demais...

Não é difícil também que apareça do lado de fora a tentação apetecível – a estagiária jovem, o antigo amigo recém-desquitado... E eis que, sem perceber, o forte vendaval da crise começa a abalar os alicerces do lar.

É então que se devem revigorar as virtudes cultivadas ao longo dos anos e ouvi-las gritar a sua mensagem: «Você tem de ser fiel! Comprometeu a sua palavra diante do altar de Deus: não seja egoísta, não vá abandonar o seu cônjuge agora que ele está gasto precisamente por ter cuidado de você, do seu lar e dos seus filhos. Pense que os seus filhos são filhos da sua carne e da sua alma; eles esperam muito – sempre esperarão – do seu exemplo: algo muito mais nobre e encorajador do que refazer a vida à custa da infidelidade!».

Este apelo ajudará os esposos a ponderar as coisas diante de Deus e a chegar com a sua graça à única conclusão cristã cabível: se é preciso que eu continue a dar a minha vida pela minha esposa ou marido e por esses meus filhos – mesmo que já tenham constituído família e talvez até sobretudo por isso – eu a darei, como Cristo deu a sua vida no madeiro da Cruz por amor de todos nós.

Só assim é que se superam as crises. É muito difícil ser fiel quando falta espírito cristão, e essa é a causa de que haja tantos naufrágios matrimoniais. Mas não existe outro meio de conseguir que o matrimônio alcance a beleza serena do fruto amadurecido e transforme em venturosa realidade aquela belíssima frase da Sagrada Escritura: *A tua esposa no interior da tua casa será como videira frutífera; teus filhos, como rebentos de oliveira em redor da tua mesa* (Sl 128, 3).

141. Além desta crise característica, podem indicar-se algumas outras?

Sim. As mais comuns são as crises por falta de ideais, por falta de renovação, por hipertrofia profissional, por promoção profissional não compartilhada, por problemas criados pela família do outro cônjuge, por imaturidade, por falta de autenticidade no amor.

142. Em que consiste a crise por falta de ideais?

Não há crise matrimonial que não tenha um fundo existencial e religioso. O vazio de ideais profundos constitui a mais radical das carências: a carência de um sentido para a vida e para a morte.

A pessoa unida em matrimônio deve criar com o seu consorte um cabedal comum de sentimentos, de ideias e de valores. Se não o fizer, conseguirá apenas transmitir-lhe o seu vazio angustiante. E um matrimônio vazio acabará por ser um matrimônio frustrado. Uma crise existencial redunda sempre em crise matrimonial.

Mas é preciso ir mais longe: é necessário encarnar em profundidade não apenas uma filosofia de vida, mas um corpo de doutrina que responda aos *últimos porquês* da existência humana. Quando falta o sentido religioso da vida, é muito difícil que se consolide um amor estável e duradouro.

Se se querem evitar crises matrimoniais, importa responder acertadamente a estas perguntas: Que pretendo em última análise? Vivo para Deus ou para mim mesmo? Se vivo para Deus, oriento o dia a dia do meu matrimônio de acordo com as diretrizes dessa fé? A resposta a estas e outras perguntas significa a primeira etapa na solução do mais pungente problema da vida humana.

143. Como se produz a crise por falta de renovação?

Os acontecimentos repetitivos, os atritos inevitáveis, os defeitos mútuos acabarão, com a passagem dos anos, por provocar uma erosão no relacionamento conjugal, se não se tomam os devidos cuidados. Durante anos, marido e mulher estiveram presentes na hora de se levantar – sem disfarces nem cosméticos –, nas horas de depressão e de euforia – sem dissimulações nem cautelas –, e também nesses momentos terrivelmente delicados em que, por uma ou outra razão, todos os defeitos juntos vêm ostensivamente à superfície.

É evidente que nem o marido nem a mulher devem permitir esse desgaste mediante um decidido esforço de renovação. «Renovar-se ou morrer», essa é a disjuntiva. É necessária uma renovação pessoal que leve a corrigir os defeitos próprios e a compreender os defeitos do outro cônjuge; é necessária uma renovação de ideias, projetos e programas de vida e, especialmente no caso das esposas, uma renovação da *fachada*, do visual, do penteado..., que denote esforço por reconquistar o marido todos os dias.

Mas o que é mesmo absolutamente necessário é uma renovação espiritual. É do fundo da alma que brota sem cessar, como de uma fonte, uma nova perspectiva de vida. É da vida interior, do trato com Deus pela oração, que jorra sem interrupção a nascente do amor humano. Por isso, o problema do desgaste do amor conjugal encontra no amor de Deus o mais sólido detonador da sua renovação.

144. Que significa crise por hipertrofia profissional?

Significa que se sucumbe ao fenômeno do *gigantismo* profissional. Ocorre especialmente com homens ou mulheres dotados de uma boa capacidade de trabalho e de uma não menor dose de orgulho pessoal. O triunfo profissional assume tal valor aos seus olhos, que se deixam deslumbrar por ele e relegam as outras dimensões da sua vida – a familiar, a religiosa – para a penumbra de um segundo plano.

Quando fundam uma família, o homem e a mulher devem compreender que ela é muito mais do que um apoio social, um aconchego carinhoso, e que não é de maneira nenhuma um «apêndice» da sua personalidade. A família que constituíram tem de ser para eles *a sua vida*, a sua verdadeira *empresa*, aquela que deve absorver todas as suas atenções.

145. Quando se dão as crises por promoção profissional não compartilhada?

Quando o marido trabalha bem, cuida da família, triunfa profissionalmente, mas a esposa não aceita esse triunfo, sente-se diminuída e padece de um amor-próprio exacerbado.

Toda a esposa deve acompanhar, animar e incentivar o marido. O seu triunfo é o dela também, pois a infraestrutura do lar é imprescindível para o êxito profissional do marido. Ela deve compreender que o seu trabalho no lar é a profissão das profissões, porque permite que *todas as profissões tenham sucesso.* O trabalho profissional não compartilhado pode ter péssimas consequências familiares.

Hoje em dia é também frequente a situação inversa: que a esposa, cuidando embora com esmero dos filhos e da boa marcha da casa, se ocupe igualmente numa tarefa profissional e tenha tanto ou mais êxito do que o marido, despertando nele um claro ciúme. O que importa em qualquer caso é o que víamos acima: a comunidade de vida entre os esposos leva necessariamente a que os êxitos de um sejam de ambos, e não fonte de ciúmes, invejas ou complexos.

146. Como se origina a crise por causa dos problemas criados pela família do cônjuge?

Neste terreno, os atritos podem ser muito variados. É comum o caso da mãe possessiva que não se resigna a «perder» o filho ou filha e invade o espaço afetivo e efetivo da nora ou genro. Também é frequente a discordância de um cônjuge diante da escala de valores, dos costumes e amizades da família do outro.

Recomendações práticas? A sogra ou o sogro não devem imiscuir-se na vida do filho casado. Mas especialmente cada um dos cônjuges deve lembrar-se de que tem de saber respeitar a mentalidade e os costumes da família do outro. Se a noiva não gosta da família do noivo, que pense duas vezes antes de se casar. Mas, se se casar, saiba que tem necessariamente que aceitar essa família como se fosse a sua própria. O mesmo deve aconselhar-se ao noivo.

Em última instância, porém, marido e mulher têm de ser conscientes de que a unidade do lar que constituíram é para eles – e para os seus filhos – o maior bem de todos.

147. Como se dá a crise por imaturidade?

A imaturidade é uma defasagem entre a idade cronógica e a psicológica.

A pessoa imatura não se conhece a si própria, não sabe o que quer; guia-se mais por impulsos do que por convicções e, em decorrência, vive ao sabor dos sentimentos, dos instintos e das paixões; não sabe assumir com responsabilidade os grandes compromissos.

Tudo isto acarreta graves consequências no âmbito da instituição matrimonial. Não é raro que os rapazes e as moças se casem de forma imprevidente: deixam-se levar por impulsos sentimentais e passionais, sem compreender bem as responsabilidades que assumem, e depois sofrem as consequências.

Os que pretendem casar-se devem ter consciência de que o matrimônio não é uma «aventura», que é mil vezes preferível ficar solteiro a ser mal casado, e que os filhos não podem sofrer as tristes consequências da imaturidade dos seus pais.

148. Que vem a ser a crise por falta de autenticidade no amor?

Na raiz psicológica de quase todas as situações descritas até este momento, há como que um denominador comum: a falta de *autenticidade* no amor. O amor que encontramos na vida matrimonial está com frequência misturado com outras motivações e segundas intenções.

Se observarmos com atenção, veremos que, quando se fala de «amor», com frequência este «amor» é simples vaidade, ou uma forma de autoafirmação, ou uma maneira de satisfazer uma necessidade afetiva ou sexual. Não passa de uma forma transferida de egoísmo. Amamos fundamentalmente porque o objeto amado nos completa, nos satisfaz. O ser querido, mais do que constituir um *destino peculiar* que é preciso respeitar e fazer crescer, é um simples *complemento* do eu.

Um homem pode transferir o seu narcisismo para uma mulher quando a encara e trata como parte de si mesmo, como algo que lhe pertence ou um objeto de sua propriedade, e vice-versa. Quantos casamentos fracassam porque, na verdade, os cônjuges não estão unidos por um amor mútuo, mas por um egoísmo a dois!

Em todas essas situações, sem se reparar, está-se *instrumentalizando* o amor e até a própria abnegação. Daí surgem duas atitudes concomitantes: o *amor possessivo* e os *ciúmes.*

Por vezes, o amor possessivo da mãe extremada ou da inseparável esposa não poupa sacrifícios para rodear de carinho o filho ou o marido, mas no fundo esse filho e esse marido são apenas acréscimos complementares, verdadeiros apêndices que simplesmente satisfazem as necessidades maternais ou afetivas. Não existe aí a união solidária, mas a união *parasitária.*

Como movimento paralelo, aparecem os *ciúmes.* O menor indício de que a pessoa de quem se espera uma afeição exclusiva dispensa atenções a outrem provoca um forte sentimento de contrariedade.

Em todas estas manifestações, não encontramos a verdadeira expressão do amor maduro, mas apenas a sua forma incipiente ou larvar. O amor imaturo diz assim: «Amo você porque você me torna feliz». O amor amadurecido expressa-se de modo diferente: «Sou feliz porque amo você».

Aquele que ama verdadeiramente não se busca a si mesmo. Ama por puro amor, sem segundas intenções. Ama com uma entrega total, no espaço – sem reservas – e no tempo – até a morte. Esse amor irrevogável chama-se *fidelidade*[44].

149. Que remédios se podem aplicar para solucionar estas crises?

Podem-se aplicar diferentes tipos de remédios, que enumeramos a seguir:

1º *Identificar os problemas.* O psiquiatra Enrique Rojas recomenda nas suas consultas que tanto o marido como a mulher formulem uma lista de reclamações recíprocas: «Diga-me o que tiraria da personalidade do seu marido ou da sua mulher e o que acrescentaria com o fim de melhorar a convivência mútua. Com esta fórmula simples, centramos o tema e objetivamos o problema»[45].

Não se devem aceitar informações genéricas, como por exemplo: ele é egoísta. É preciso que se chegue a uma concretização pormenorizada. Esta espécie de confronto pode ser feita com a ajuda de um casal amigo, de um sacerdote, ou simplesmente através de um diálogo entre marido e mulher, por escrito se preciso, mas delicado e respeitoso, ou perante um médico ou terapeuta de confiança.

O mesmo autor exemplifica os pedidos da esposa em termos parecidos aos que mencionamos a seguir:

* «Que o meu marido não esteja sempre queixando-se de que está esgotado pelo trabalho;

* «que não me interrompa quando eu estiver falando;

* «que, depois de um atrito, não passe três ou quatro dias sem falar comigo;

* «que de vez em quando me diga que me acha bonita ou que gosta de tal ou qual vestido, como costumava fazer quando éramos noivos;

* «que se preocupe com os filhos quando volta do trabalho e não se afunde na poltrona ou se perca entre os seus papéis;

* «que não seja carinhoso comigo apenas quando quer ter relações sexuais. Isto me revolta».

E apresenta também os apelos do marido:

* «Que a minha esposa me ajude a descansar quando volto para casa, sem me falar sempre dos problemas domésticos, dos estudos dos filhos, do pagamento das prestações, etc.;

* «que gaste menos, seja mais econômica, melhor administradora; tenho a impressão de que sempre me está pedindo dinheiro;

* «que saiba ser oportuna e, quando tiver de corrigir-me, o faça no momento adequado e não diante dos outros ou dos filhos;

* «que não arranje desculpas – cansaço, doença – quando desejo ter relações íntimas; etc.»;

2º *Superar o passado*: *virar a página*. Há pessoas que vivem num contínuo retorno ao passado. Colecionam mágoas, lamentações, «oxalás». Mexem e remexem nas feridas, impedindo-as de cicatrizar.

O melhor remédio que se pode sugerir é este: *vire a página*, deixe tranquilo o seu passado, pois «águas passadas não movem moinho». E diga ao seu cônjuge, com verdadeira grandeza de coração: «Vamos digerir o passado e construir o nosso futuro, renovando ideais e projetos»...;

3º *Projetar o futuro: criar ideais.* Há pessoas que não superam o passado porque não têm objetivos para o futuro. *O tédio é um dos grandes inimigos dos casais dos nossos dias.* Enferrujam como um trem parado numa via morta.

O remédio é sempre criar novos ideais compartilhados por ambos. Lutar e sofrer pelo mesmo ideal une marido e mulher. E que ideal mais nobre e grandioso pode haver do que ajudarem-se um ao outro a progredir no aperfeiçoamento espiritual?, crescendo na fé, na caridade e na esperança, na oração e em todas as virtudes cristãs?, e praticando esse ideal sem limites na tarefa de educarem solidariamente os filhos?;

4º *Respeitarem-se mutuamente nas palavras e nas atitudes.* As palavras, depois de ditas, adquirem uma consistência objetiva, podem ser guardadas na memória para sempre, provocando às vezes um verdadeiro trauma. Quem for capaz de dominar a língua será capaz de dominar-se a si próprio e de impregnar de serenidade o seu lar.

Mas poder tão forte quanto a palavra tem o gesto, a atitude... Um gesto de menosprezo, um rosto ranzinza, um silêncio agressivo podem ser, às vezes, afrontosos. Sem o perceber, podemos estar semeando inquietação, mal-estar ou antipatia com um comportamento inadequado que, no entanto, já se tornou tão habitual entre nós que nem sequer reparamos nisso;

5º *Evitar discussões.* É uma conclusão do item anterior. As coisas não se discutem; estudam-se serenamente e depois conversa-se sobre elas. É preciso distinguir entre o diálogo em que se expõem diferentes pontos de vista e a discussão da qual nunca sai a luz, mas a briga.

O clima de uma discussão é o cansaço, a irritação. É preciso acalmar-se: abordar determinados temas em determinados momentos é simplesmente provocar.

É necessário também prevenir as áreas de atrito, fugindo de tocar certos assuntos ou tocando-os, se forem importantes, com modos, palavras e disposições que reflitam claramente a vontade de chegar a uma solução construtiva;

6º *Dominar a tendência a controlar e vigiar o outro cônjuge.* O ambiente do lar tem que ser descontraído; as pessoas têm de sentir-se à vontade. Mas isso não acontecerá se existir um espírito de picuinhas: críticas pequenas, mas persistentes, que denotam um preconceito, perguntas importunas sobre as ocupações ou as amizades de cada qual, etc., são coisas que criam um clima tenso.

É importante que marido e mulher saibam respeitar a liberdade um do outro, deixar um ao outro amplos espaços de autonomia;

7º *Fomentar a finura no trato mútuo.* Esta atitude tem muitos nomes: cortesia, tato, sentido de oportunidade…, diplomacia, que não é duplicidade, mas – quando retamente usada – delicadeza no convívio ou simplesmente psicologia doméstica.

Há pessoas que confundem sinceridade com dureza. Com muita frequência, depois de proferirem uma grosseria, desculpam-se dizendo: «Eu não tenho papas na língua».

É muito possível sermos sinceros e amáveis ao mesmo tempo, sabendo esperar o momento oportuno, escolhendo as palavras, começando por pedir desculpas se o que vamos dizer pode magoar... Que adianta estar na via preferencial se não se faz por evitar o choque violento? É melhor brecar pacientemente do que alegar depois que se tinha razão. Dizia alguém: «De que me servirá invocar o "meu direito" no trânsito se já estiver morto?»... Não alegue direitos, evite desastres;

8º *Cultivar o senso de humor*, Há casais que têm, por assim dizer, *um sentido dramático da vida*. Como favorece a convivência no lar saber ver o lado divertido da vida, rir à vontade no meio de uma pequena tragédia doméstica – «para cada contrariedade, uma boa gargalhada», dizia alguém muito santo –, e mais ainda rir de si próprio! O espírito esportivo é útil para quase tudo.

Este senso de humor dá um certo domínio sobre os acontecimentos, sobre as situações inesperadas. Como começamos a rir quando nos lembramos daquelas «tragédias» da nossa infância: a bola que perdemos, a matéria em que fomos reprovados, o passeio que fracassou... Pois bem, aquele que sabe ver as coisas com perspectiva – e muito mais com os olhos de um filho de Deus – também compreenderá que os seus «dramas» presentes são ninharias que não merecem que se perca a paz interior;

9º *Gratificar cada semana com um «dia azul» e cada ano com um bom presente.* Cada um dos esposos deveria ter a coragem de perguntar ao outro: «Que gostaria você de fazer um dia desta semana?» E depois satisfazer esse «capricho» da sua «cara-metade».

E ao programa semanal pode acrescentar ainda um «presentão» anual, no dia do aniversário, no Natal: uma viagem mais longa para visitar uns parentes que não se veem há muito tempo, um passeio turístico pelo país, oferecido em condições suportáveis por uma agência de viagens... São sugestões que podem provocar na imaginação as ideias mais engenhosas e especialmente arejar o ambiente rotineiro das relações conjugais. Um «dia azul» semanal e um «presentão» anual podem dar essa pincelada colorida que talvez esteja fazendo muita falta ao seu matrimônio;

10º *Comunicar ternura*, A ternura é um sentimento que leva a aproximar-se dos estados anímicos do outro. E nisso diferencia-se da sensualidade, porque, enquanto esta se orienta mais para o corpo do outro como objeto de prazer, a ternura genuína é altruísta, pensa primordialmente na felicidade e na satisfação do outro. Ora, é indubitável que tanto o homem como a mulher precisam de ternura, talvez mais do que de qualquer outra coisa.

«Na vida matrimonial, a *mulher* espera essa ternura ao longo dos dias, também nas relações sexuais. Um esposo bom, mas frio e distante, encerrado no mundo do seu trabalho e indiferente à importância gratificante da ternura, pode ser para a esposa uma cruz não pequena. E, em sentido inverso, o *homem* necessita da ternura da mulher, normalmente muito mais do que o manifesta, pois há nisto um certo pudor masculino, como que um temor de mostrar-se fraco. *É indispensável muita ternura no matrimônio, e tanto o homem como a mulher devem educar-se para consegui-la*»[46];

11º *Intensificar a vida espiritual.* A íntima dependência que existe entre a vida humana e a vida religiosa não pode deixar de estar na base das relações conjugais, sobretudo quando estas se desenvolvem sob o signo de um sacramento: a força da graça sacramental do Matrimônio atuará tanto mais intensamente quanto mais profunda for a vida interior dos esposos.

O Senhor disse: *Eu sou a videira, vós os ramos* (Jo 15, 1). A seiva passa de Cristo para os cônjuges, mas o canal da graça não pode estar bloqueado pelo pecado, pela indiferença ou pela tibieza. As orações diárias, a meditação habitual e a confissão frequente são meios eficacíssimos para desobstruir os vasos capilares da alma e permitir que a graça flua e impregne estreitamente as relações entre marido e mulher. Portanto, o fortalecimento da vida espiritual traz consigo o fortalecimento das relações conjugais;

12º *Por último, ter uma vida sexual sadia,* a única capaz de fortalecer o matrimônio e não de miná-lo, aquela que se desenvolve de acordo com o sentido que Deus conferiu à relação sexual natural. A este tema dedicaremos o próximo capítulo.

150. Que se pode dizer, como conclusão, sobre as possíveis crises matrimoniais?

Deve-se dizer que, para qualquer ser humano, as dificuldades e os sofrimentos nada mais são do que uma ocasião de superar-se, de crescer por dentro. Para o cristão, principalmente, as crises matrimoniais devem constituir uma ocasião para aprofundar na confiança em Deus e nos meios espirituais, e de purificar e santificar o que possa haver de demasiado humano no seu amor ao outro cônjuge. Nas palavras de São Josemaria Escrivá, Fundador do Opus Dei: «Pobre conceito tem do matrimónio – que é um sacramento, um ideal e uma vocação – quem pensa que a alegria acaba quando começam as penas e os contratempos que a vida sempre traz consigo. Aí é que o amor se torna forte. As enxurradas das mágoas e das contrariedades não são capazes de afogar o verdadeiro amor: une mais o sacrifício generosamente partilhado. Como diz a Escritura, *aquae multae* – as muitas dificuldades, físicas e morais – *non potuerunt extinguere caritatem* (Cant VIII, 7) – não poderão apagar o carinho»[47].

VIII
O amor conjugal e a harmonia das relações sexuais

151. Como funcionam os mecanismos sexuais e como conseguir uma relação sexual harmônica?

Trataremos deste tema de maneira sucinta, deixando a cada pessoa a responsabilidade de consultar individualmente o que julgue oportuno para o seu caso particular.

Para tanto, transcreveremos resumidamente a exposição do médico português Aureliano Dias Gonçalves sobre a matéria[48]. A sua linha de pensamento e as diferentes fases no processo do ato conjugal que descreve constituem a opinião pessoal desse autor e não representam, por conseguinte, nenhuma opinião da Igreja nem, necessariamente, a nossa própria. Neste sentido, cabem dentro do pensamento cristão muitos esquemas mentais e de exposição. Mas há um ponto que é preciso ressaltar como certo: o *comprometimento de toda a personalidade* no ato sexual, porque nele se fundem o prazer carnal, a expressão do sentimento e a participação do espírito: é uma união de corpo e alma.

Os maridos – começa por dizer o autor – surpreendem-se muitas vezes porque as suas esposas não ficam satisfeitas com o ato conjugal, não experimentam as mesmas sensações que eles e ao mesmo tempo. Ora bem, importa esclarecer-lhes, por um lado, que a união conjugal não é meramente física, mas integral, uma união que vincula tanto o corpo como a alma; e, por outro, que a psicologia e a fisiologia masculina e feminina são bem diferentes, como também o é o processo de excitabilidade na mulher e no homem. Na mulher, é mais vagaroso; a mulher demora mais para chegar ao clímax sexual e também para ficar satisfeita.

Como expressão de amor mútuo que é, a união conjugal consiste numa doação e aceitação mútuas. Não é um ato de posse egoísta, mas uma doação total, realizada em plena liberdade, em que toda a pessoa humana, corpo e alma, se entrega ao outro. Realizá-la sem a união das almas seria fazer prevalecer a união genital sobre a verdadeira união amorosa, o que diminuiria e inferiorizaria os cônjuges.

Por outro lado, é necessário ter presente que o amor é diferente no homem e na mulher. No homem, é mais carnal; na mulher, mais sentimental. No homem, o corpo vibra mais depressa, mesmo que o amor não seja muito forte; na mulher, o corpo exulta quando ama de verdade. O acordo carnal só pode existir na harmonia desses dois aspectos[49].

Acontece, porém, muitas vezes que se é levado a fazer prevalecer a sensualidade sobre o amor. Surgem então as dificuldades, quando, por exemplo, há necessidade de regular ou espaçar os nascimentos. A sede de prazer torna-se exigente e a necessidade de evitar os filhos também. E fica aberto o caminho para todas as práticas desnaturantes do ato conjugal. É necessário, pois, que se aprenda a chegar a um verdadeiro equilíbrio ao longo de cada uma das fases do ato conjugal.

152. Que fases se podem distinguir no ato conjugal?

O autor acima referido menciona cinco: preparação ou prelúdio; união propriamente dita; prolongamento da união; emoção final ou fase lúdica; e, finalmente, o poslúdio.

1º «A primeira – *preparação ou prelúdio* – é essencial para que qualquer mulher sinta e acompanhe verdadeiramente o seu marido, nomeadamente se tem um temperamento frio ou quase frio nesta matéria.

«Podemos até dizer que esta preparação se realiza de forma contínua e à distância, no decorrer dos dias. A atenção, a ternura do marido para com a esposa – uma expressão de carinho, um beijo, uma carícia – são provas de amor que pouco a pouco a conquistam. E a mulher gosta sempre de ser conquistada.

«Essa preparação, essas manifestações de ternura, irão intensificar-se em torno do ato conjugal, mas toda a preparação próxima pressupõe essa outra preparação que alimenta o amor ao longo dos dias.

«O marido nunca deve esquecer-se de não avançar para a fase seguinte sem que a emotividade da sua mulher se manifeste, sem que a tensão seja despertada; numa palavra, sem que a união propriamente dita seja desejada;

2º «A segunda fase – *união propriamente dita* – é muitas vezes procurada intempestivamente pelo marido, sem ainda ser desejada verdadeiramente pela mulher. Esta, na sua generosidade, no seu desejo de proporcionar prazer, de se dar àquele que ama de verdade, consente, mas não é raro que não sinta nada, por falta de preparação.

«É aqui que se manifestam verdadeiramente a generosidade e o amor da mulher e a delicadeza do marido. Esta delicadeza exige autodomínio e desprendimento. Podemos até dizer que o consentimento desta fase, a sua aceitação, constitui um grande sacrifício para muitas mulheres e uma grande prova de amor. Deve ser uma união lenta, progressiva e o mais completa possível;

3º «A terceira fase – *prolongamento da união* – é daquelas a que o marido dá menos importância, desejoso como está de atingir a emoção final; é frequente que se descontrole e se deixe dominar inteiramente pelo impulso sexual. É, pois, nesta terceira fase que se põe à prova toda a capacidade de domínio da razão sobre o instinto sexual. O marido deve aprender a prolongar esta fase, sabendo esperar que a sua mulher sinta com ele do mesmo modo;

4º «A quarta fase – *emoção final* ou *fase lúdica* –, que culmina com a deposição do sêmen, é certamente um momento de grande satisfação, sobretudo se for simultaneamente sentida pelos dois. Ambos libertam o instinto sexual, ambos se sentem unidos nos seus corpos, depois de bem unidos nos seus corações.

«Importa, pois, que esta quarta fase seja vivida ao mesmo tempo, que o marido tenha bem presente a sensibilidade daquela que se lhe dá, e que saiba esperar por ela. Para que seja assim, nunca é demais insistir na preparação da primeira e no prolongamento amoroso da terceira;

5º «Temos finalmente a quinta fase – o *poslúdio.* É talvez aquela que a mulher mais aprecia. O marido, já descontraído, prodigaliza à esposa todos os carinhos de que ela tanto necessita ainda, pois leva muito mais tempo a acalmar-se do que ele.

«Pode uma mulher entregar-se ao seu marido sem sentir prazer algum, dando provas de grande generosidade, sentindo-se feliz por poder proporcionar-lhe um prazer que ela não sente; ficará triste por não poder acompanhá-lo, mas normalmente não se desespera. Espera, porém, que ele lhe agradeça. E se ele não o faz, se se vira para o lado sem um beijo sequer, essa tristeza pode transformar-se em angústia, em verdadeiro desespero»[50].

153. Que se deve reter destas considerações de caráter psíquico e médico sobre o relacionamento sexual?

Devem-se reter principalmente duas coisas:

1º que o ato sexual é um relacionamento entre duas pessoas, não entre dois corpos, e que, portanto, deve haver uma união simultaneamente física e anímica, corporal e espiritual, sexual e afetiva;

2º que a excitabilidade feminina é mais lenta que a masculina e, portanto, o homem deve tomar cuidado para que a relação propriamente dita se realize quando a esposa já está afetiva e fisicamente preparada.

154. Qual deve ser a atitude cristã no que diz respeito à harmonia das relações sexuais?

Para entender qual deve ser essa atitude, é interessante verificar, antes de mais nada, que as conclusões a que chegam os especialistas em sexologia – quando verdadeiramente científicas – correspondem perfeitamente às orientações morais cristãs. Nas entrelinhas de um estudo correto de sexologia, e mais ainda no seu substrato fundamental, vislumbra-se a dignidade do ato conjugal, o seu caráter humano e cristão, e especialmente um imenso respeito pelo outro cônjuge, tal como o enfatiza a Exortação *Familiaris Consortio*: «O amor conjugal autêntico pressupõe e exige que o homem tenha um profundo respeito pela igual dignidade da mulher: "Não és o senhor – escreve Santo Ambrósio – mas o marido; a tua esposa não te foi dada como escrava, mas como mulher... Retribui-lhe as suas atenções para contigo e sê-lhe agradecido pelo seu amor" (Santo Ambrósio, *Hexameron*, vol. 7, CSEL 32, 1, 154). Com a esposa, o homem deve viver "uma forma particular de amizade pessoal". O cristão é, além disso, chamado a desenvolver uma atitude nova de amor, manifestando para com a esposa "uma caridade delicada e forte" (cf. Ef 5, 25)»[51].

É impossível chegar a uma concepção mais alta da dignidade do amor conjugal, e não admira que seja assim se observarmos que a doutrina cristã compara esse amor ao amor sublime de Cristo pela sua Igreja. Já desde o mais antigo contato da Igreja com as primeiras comunidades cristãs – concretamente nos escritos de São Paulo – aparece claramente desenhada esta belíssima analogia entre a união conjugal e a união substancial de Cristo com a sua Igreja. Não se entende, pois, como se possa criticar a Igreja, dizendo que mantém uma atitude de reserva em face das relações sexuais, ou que a sua moral está edificada sobre a experiência de um sacerdócio celibatário.

A relação sexual humana não é apenas consequência de um mecanismo biológico, mas também da participação comprometida da vontade, do amor, fruto da liberdade de decisão e de motivações tanto físicas como espirituais. Os que se unem no amor conjugal não são dois seres, mas *duas personalidades*: dois filhos de Deus com toda a sua dignidade humana, reflexo de toda a perfeição divina.

Por conseguinte, se a curva de excitação sexual da mulher é diversa da do homem, pois ascende e declina mais lentamente, e se o apelo sexual é personalizado, segue-se que os dois cônjuges têm de esforçar-se por conseguir que ambas as curvas estejam sincronizadas, isto é, que o clímax do amor, o momento culminante da excitação, seja simultâneo. E isso não apenas por exigência do mero ato sexual, mas por um imperativo da caridade cristã. Porque, quando a mulher não chega à plena satisfação sexual, é de temer que fique frustrada ou não se entregue com toda a sua personalidade, o que pode acarretar neuroses, frigidez, doenças psicossomáticas e outras consequências negativas para o amor conjugal. Não é raro que, nesses casos, a mulher comece a esquivar-se de ter relações, experimentando por elas uma repugnância talvez mais difícil de dominar do que a própria avidez sexual[52].

155. Sendo assim, não será conveniente que os futuros cônjuges tenham uma experiência pré-matrimonial que facilite a mútua adaptação sexual?

O Dr. Paul Chauchard**, autoridade na matéria, diz-nos a este respeito: «*Não é necessário ter tido relações sexuais antes do matrimônio para saber o que se deve fazer depois*: o homem pode aprender sem praticar. Existe certamente o aprendizado a dois, que no entanto só é válido para um casal que se ama e que forma uma família»[53].

O que se aprende fora do matrimônio está num outro contexto psicológico e sexual, um contexto que geralmente é pernicioso para o matrimônio. Concretamente, os que se desejam como marido e mulher – num ambiente cristão – têm no matrimônio reações psicológicas e sexuais muito diferentes das daqueles que iniciam uma vida em comum «à experiência» ou, por maioria de razão, dos que têm uma «vida sexual livre».

Em determinados ambientes, existe realmente o preconceito de que o fracasso nas relações sexuais se deve à inexistência de «experiências pré-matrimoniais». Não vamos mencionar agora a argumentação moral que a Igreja ofe-

---

(**) Este autor não concorda em todas os pontos desta matéria com a doutrina da Igreja; por essa razão, o pensamento que acabamos de citar tem mais valor, uma vez que se apoia em experiências puramente científicas.

rece neste ponto com uma clareza diáfana, mas diremos de passagem – acompanhando o sentido do presente capítulo – que esse preconceito envolve inverdades de um ponto de vista puramente natural e humano.

As moças que pensam: «Não quero ficar para trás», «tenho que me valorizar», «não vou perder à toa o meu namorado», estão, na realidade, caindo na «arapuca» da sociedade de consumo, estão-se «deixando levar na conversa» dos rapazes que só querem «aproveitar-se», ou, enfim, «dando de graça» um grande tesouro. Um rapaz consciente do valor do matrimônio não quererá ter por futura esposa uma moça que o queira «apanhar» pelo sexo; e, vice-versa, uma moça consciente do que é ser esposa e mãe não há de querer ter por marido, se não um aproveitador, pelo menos um jovem inseguro dos seus sentimentos e fraco de caráter.

156. Então, é suficiente um grande amor para que haja harmonia sexual no matrimônio?

Quando os esposos estão unidos por um amor profundo e verdadeiro, que os leva ver no *outro* alguém mais importante do que o *eu*, é muito difícil que haja problemas sérios de harmonia sexual; e, se estes se apresentam – por inexperiência ou por certas deficiências psicológicas –, superá-los será uma questão de tempo. Em todo o caso, sempre existe o recurso de consultar um médico especialista[54].

157. E que conclusão podemos tirar?

A conclusão que se pode tirar é que o ajuste sexual é muito importante para o bom êxito do matrimônio, mas que é muito mais importante o amadurecimento nas virtudes humanas e cristãs; ou seja, a abnegação, a capacidade de entrega pessoal, a compreensão, a ternura, que se baseiam no sacrifício, no autodomínio e, se for necessário, na castidade matrimonial, como veremos. Enfim, o importante é o autêntico amor cristão, em todos os seus desdobramentos, se se quer fundar uma comunidade de vida para sempre.

IX
A paternidade responsável

158. Que é paternidade responsável?

É o modo inteligente e livre como os cônjuges procedem no seu relacionamento sexual, respeitando as leis da vida e as leis de Deus e cooperando com Ele da maneira mais adequada na transmissão da vida.

159. Que requisitos específicos exige a paternidade responsável?

Exige vários requisitos, como especificam a Encíclica *Humanae Vitae* e a Constituição *Gaudium et Spes* do Concílio Vaticano II. Dentre eles, podemos destacar os seguintes:

1º Respeito aos processos biológicos da geração;

2º «A deliberação ponderada e generosa de fazer crescer uma família numerosa, ou a decisão, tomada por motivos graves e com respeito pela lei moral, de evitar temporariamente, ou mesmo por tempo indeterminado, um novo nascimento»;

3º O domínio do instinto sexual para se poder viver, quando necessário, a continência periódica[55].

Paternidade responsável não é, portanto, o mesmo que *paternidade reduzida.* O novo Catecismo é muito claro neste sentido: «A Sagrada Escritura e a prática tradicional da Igreja veem nas *famílias numerosas* um sinal da bênção divina e da generosidade dos pais» (n. 2373).

160. Com as dificuldades da vida moderna, porém, certamente já não é mais possível ter uma família numerosa como as de antigamente. Além disso, ter muitos filhos não é sinal de descontrole sexual?

Evidentemente, não. Pelo contrário, a família numerosa é *sinal da generosidade* dos cônjuges e uma *escola de generosidade*, tanto para os pais como para os filhos.

Vale a pena considerarmos aqui umas palavras do São Josemaria Escrivá: «Abençoo os pais que, recebendo com alegria a missão que Deus lhes confia, têm muitos filhos. Convido os casais a não estancarem as fontes da vida, a terem senso sobrenatural e coragem para manter uma família numerosa, se Deus a envia.

«Quando louvo a família numerosa, não me refiro àquela que é consequência de relações meramente fisiológicas, mas que é fruto do exercício das virtudes cristãs, que tem um alto sentido da dignidade da pessoa e sabe que dar filhos a Deus não consiste só em gerá-los, mas exige também uma longa tarefa educadora: dar-lhes a vida é a primeira coisa, mas não é tudo. [...]

«Contudo, vejo com clareza que os ataques às famílias numerosas provêm da falta de fé; são produto de um ambiente social incapaz de compreender a generosidade, um ambiente que tende a encobrir o egoísmo e certas práticas inconfessáveis com motivos aparentemente altruístas. Dá-se o paradoxo de que os países onde se faz mais propaganda do controle da natalidade – e a partir dos quais se impõe a sua prática a outros países – são precisamente aqueles que atingiram um nível de vida mais elevado. Talvez se pudessem tomar a sério os seus argumentos de caráter econômico e social, se esses mesmos argumentos os movessem a renunciar a uma parte dos bens opulentos de que gozam, a favor dessas pessoas necessitadas. Enquanto não o fizerem, torna-se difícil não pensar que, na realidade, o que determina esses argumentos é o hedonismo e uma ambição de domínio político e de neocolonialismo demográfico»[56].

161. Que significa desrespeitar os processos biológicos da geração?

Significa utilizar meios ilícitos para a regulação da natalidade, tais como: aborto, ligadura das trompas, vasectomia, pílulas, preservativos, diafragmas, dispositivos intrauterinos, etc.

162. Por que esses métodos são ilícitos?

Porque, como já dissemos, desvirtuam as leis da natureza e as leis de Deus; alguns deles chegam a provocar o aborto – um pecado gravíssimo –, como acontece com quase todos os tipos de pílulas e dispositivos intrauterinos. Por isso João Paulo II diz que «os métodos anticoncepcionais são algo profundamente ilícito, que nunca, por nenhuma razão, poderão ser justificados»[57].

163. Por que o aborto é um pecado gravíssimo?

Porque é o assassinato de um ser inocente, inconsciente e indefeso.

Na recente Encíclica *Evangelium vitae*, o Papa João Paulo II reafirmava-o mais uma vez: «Dentre todos os crimes que o homem pode praticar contra a vida, o aborto provocado apresenta características que o tornam particularmente grave e abjurável. O Concílio Vaticano II define-o, juntamente com o infanticídio, como "crime abominável» (*GS* 51). [...].

«A gravidade moral do aborto provocado aparece em toda a sua verdade quando se reconhece que se trata de um homicídio e, particularmente, quando se consideram as circunstâncias específicas que o qualificam. A pessoa eliminada é um ser humano que começa a desabrochar para a vida, isto é, o que de mais *inocente* em absoluto se possa imaginar [...]. É *frágil*, inerme, e em tal medida que está privado até daquela forma mínima de defesa constituída pela força suplicante dos gemidos e do choro do recém-nascido. Está *totalmente entregue* à proteção e aos cuidados daquela que o traz no seio. E todavia, às vezes, é precisamente ela, a mãe, quem decide e pede a sua eliminação, ou até a provoca»[58].

164. Quando é que o feto pode ser considerado um ser humano?

Como revela a ciência moderna, o feto é um ser humano desde o primeiro momento em que o óvulo é fecundado.

165. Poderia justificar-se, ou ser normalmente lícito, recorrer ao aborto no caso de riscos graves para a saúde da mãe ou do filho, estupro, gravidez não desejada, etc.?

Nunca se pode legitimar a morte de um ser inocente, ainda que existam graves razões terapêuticas. Um fim bom nunca justifica meios iníquos[59].

«A decisão deliberada de privar um ser humano inocente da sua vida é sempre má do ponto de vista moral, e nunca pode ser lícita nem como fim, nem como meio para um fim bom. [...] "Nada nem ninguém pode autorizar que se dê a morte a um ser humano inocente, seja ele feto ou embrião, criança ou adulto [...]. Não há autoridade alguma que o possa legitimamente impor ou permitir" (CDF, Decl. *Iura et bona*, 5.05.1980, n. 2).

«No que se refere ao direito à vida, cada ser humano inocente é absolutamente igual a todos os demais [...]. Diante da norma moral que proíbe a eliminação direta de um ser humano inocente, "*não existem privilégios nem exceções para ninguém.* Ser dono do mundo ou o último 'miserável' sobre a face da terra não faz diferença alguma: perante as exigências morais, todos somos absolutamente iguais" (*VS* 96)»[60].

166. Mas a suspeita séria – ou mesmo a certeza – de que o feto vai nascer malformado porque a mãe contraiu rubéola, ou se diagnostica nele outra doença qualquer, como por exemplo a síndrome de Down, não permitiria fazer o aborto?

Essa suspeita ou certeza não permitirá nunca realizar o aborto, por uma razão muito simples: o feto é um ser vivo e independente da mãe como pessoa humana, e ninguém pode matar um ser humano por suspeitar ou ter a certeza de que ele está doente, paralítico ou deformado. A inconsciência do bebê não justifica esse homicídio, antes o agrava, porque se está matando um ser inocente e indefeso. A gravidade aumenta ainda mais se tivermos em conta que quem o mata é o pai ou a mãe.

167. O uso dos métodos artificiais ou antinaturais para o controle da natalidade, além de ser imoral, traz consequências prejudiciais à saúde?

Os métodos antinaturais – como os preservativos, os diafragmas, as pílulas, os dispositivos intrauterinos, a ligadura de trompas e a vasectomia – podem trazer sérios danos psicológicos e biológicos ao organismo humano. A pílula, que é um dos métodos mais utilizados, é geralmente nociva para a saúde e pode até provocar em alguns casos a morte por trombose.

168. Além dessas consequências psicossomáticas, existem também outras de índole humana e moral?

Ao lado dessas consequências psicossomáticas, existem também outras de índole humana e moral mais ampla. Esses meios artificiais de controle da natalidade:

* facilitam a infidelidade conjugal;
* cooperam para o descontrole sexual ou fomentam a falta de domínio dos impulsos mais primários;
* propiciam o perigo de instrumentalizar a mulher, colocando-a a serviço do egoísmo masculino, e;
* facilitam que a autoridade pública invada por diferentes meios a intimidade conjugal.

«Portanto – diz a Encíclica *Humanae vitae* – se não se quer expor ao arbítrio dos homens a missão de gerar a vida, devem-se reconhecer necessariamente limites intransponíveis no domínio do homem sobre o próprio corpo e sobre as suas funções; limites que a nenhum homem, seja ele simples cidadão privado ou investido de autoridade, é lícito ultrapassar. E esses mesmos limites não podem ser determinados senão pelo respeito devido à integridade do organismo humano e das suas funções»[61].

Por tratar-se de uma matéria que compromete o Direito natural e não apenas as normas de uma religião concreta, o novo Catecismo da Igreja Católica afirma de forma nítida que «o Estado é responsável pelo bem-estar dos cidadãos. Por isso, é legítimo que intervenha para *orientar* a demografia da população. Pode fazê-lo através de uma informação objetiva e respeitosa, mas nunca por via autoritária e por coação. O Estado não pode legitimamente substituir a iniciativa dos esposos, primeiros responsáveis pela procriação e educação dos seus filhos. O Estado não está autorizado a favorecer meios de regulação da população contrários à moral» (n. 2372).

169. A ligadura de trompas e a vasectomia são especialmente graves?

A ligadura de trompas e a vasectomia, e em geral todos os métodos de *esterilização*, acrescentam ao mal da contracepção o mal da automutilação voluntária. Violam, assim, também o quinto mandamento, que prescreve o respeito pelo próprio corpo e pelas suas funções naturais.

Além disso, ao contrário do que comumente se pensa, essas operações costumam ter consequências irremediáveis. É doloroso ver quanta gente, passado algum tempo, se arrepende dessa decisão, tomada num momento de aflição ou de ligeireza, e tem de suportar a imensa frustração de descobrir que embarcou num caminho sem retorno; e mais ainda quando se perde um filho – geralmente um dos do famoso «casalzinho» – e já não se pode mais ter outros. Não sem razão esse arrependimento tardio cria complexos e mesmo neuroses; é uma pesada laje que pode levar à separação do casal.

O caráter praticamente irreversível desse procedimento torna ainda mais alambicado e renitente o egoísmo próprio dos casais que recorrem à contracepção. Não é raro encontrar homens que se julgam «heróis» por se terem submetido eles a essa espécie de castração, «poupando à esposa os sofrimentos da intervenção cirúrgica». Realmente, às vezes sente-se vontade de repetir as palavras da Sagrada Escritura: *E infinito o número de imbecis* (Ecl 1, 15)...

170. Mas não se justificaria o uso de métodos anticoncepcionais tratando-se de casais que ultrapassaram os 45-50 anos, ou no início do casamento, para se obter maior estabilidade emocional, financeira, etc.? Ou no caso de doenças? Ou ainda de o médico ter recomendado à mulher o uso da pílula ou a ligadura de trompas, porque uma nova gravidez poderia ser prejudicial à sua saúde ou pôr em risco a sua vida?

Esses casos não justificam o uso de métodos anticoncepcionais porque, conforme já vimos, um fim bom não justifica o emprego de meios ilícitos. Nesses casos, pode-se recomendar o uso dos métodos naturais, que mencionaremos mais adiante.

A operação cirúrgica com o fim de modificar ou extirpar algum órgão genital só se justificaria se fosse diretamente necessária para a saúde da mulher – como no casos de câncer no útero, por exemplo –, mas *nunca* «para» evitar a gravidez.

171. Quem usa a pílula ou outros meios anticoncepcionais comete pecado grave? Pode continuar a comungar?

Se a pessoa sabia que a Igreja ensina, com a autoridade que lhe vem de Deus, que esses atos são ilícitos, comete pecado grave, porque a matéria é grave. Da mesma forma, cometeria pecado grave se, tendo dúvidas acerca da liceidade desses atos, não quisesse procurar um esclarecimento moral, para assim agir mais livremente. Portanto, para poder comungar, essa pessoa deve confessar-se previamente.

172. Então como proceder no caso de ser necessário evitar filhos ou espaçar o seu nascimento?

Deve-se proceder respeitando as leis da vida ou servindo-se delas de maneira natural, isto é, tendo relações sexuais apenas nos períodos infecundos e vivendo a continência nos períodos fecundos. Ou seja, utilizando os chamados *métodos naturais*.

Por razões justas, os esposos podem querer espaçar o nascimento dos seus filhos. Devem começar por verificar se esse desejo não provém do egoísmo, mas está de acordo com a justa generosidade de uma paternidade responsável. Sendo este o caso, regularão o seu comportamento pelos critérios objetivos da moral.

O novo Catecismo manifesta-se a este respeito da seguinte maneira: «A continência periódica, os métodos de regulação da natalidade baseados na auto-observação e no recurso aos períodos infecundos estão de acordo com os critérios objetivos da moralidade. Estes métodos respeitam o corpo dos esposos, fomentam a ternura entre eles e favorecem a educação de uma liberdade autêntica. Em compensação, é intrinsecamente má "toda a ação que, ou em previsão do ato conjugal, ou durante a sua realização, ou também durante o desenvolvimento das suas consequências naturais, se proponha, como fim ou como meio, tornar impossível a procriação" (*HV* 14)» (n. 2370).

173. A Igreja recomenda o uso dos métodos naturais?

Não, a Igreja não recomenda nem deixa de recomendar o uso dos métodos naturais. Apenas ensina que é lícito utilizá-los *quando houver motivos que os justifiquem.*

174. Quando se justifica que um casal decida não ter mais filhos ou espaçá-los?

Já que o matrimônio se ordena por natureza para os filhos, essa decisão só se justifica quando há motivos sérios, objetivos e razoáveis, de tipo médico, psicológico, econômico ou social.

175. Quais seriam as razões médicas?

Podem reduzir-se a duas:

1º perigo real e certo de que uma nova gravidez ponha em risco a saúde da mãe;

2º perigo real e certo de transmitir aos filhos doenças hereditárias.

176. Quais as razões psicológicas?

As razões psicológicas prendem-se com determinados estados de angústia ou ansiedade patológicas da mãe, diante da possibilidade de uma nova gravidez.

177. E as razões econômicas e sociais?

As razões econômicas e sociais dizem respeito a situações de séria dificuldade, em que os cônjuges veem que não podem arcar com a carga econômica de um novo filho.

São razões que devem ser conscienciosamente avaliadas, porque o padrão mental é muito variado e porque se introduzem no julgamento outros motivos como o comodismo, a mentalidade consumista, a visão hipertrofiada dos problemas, o egoísmo, etc.

178. Qual o critério para tomar uma decisão verdadeiramente cristã?

Os esposos deverão ponderar, na presença de Deus, a gravidade objetiva das suas razões, implorando a luz do Espírito Santo para examinar o problema com clareza e pedindo conselho a um sacerdote fiel ao Magistério da Igreja.

«Não esqueçam os esposos – afirma São Josemaria Escrivá –, ao ouvirem conselhos e recomendações nesta matéria, que o que importa é conhecer o que Deus quer. Quando há sinceridade – retidão – e um mínimo de formação cristã, a consciência sabe descobrir a vontade de Deus, nisto como em tudo o mais. Porque pode suceder que se esteja procurando um conselho que favoreça o próprio egoísmo, que silencie precisamente com a sua pretensa autoridade o clamor da própria alma e, inclusive, que se vá mudando de conselheiro até achar o mais benévolo.

Além do mais, isto é uma atitude farisaica, indigna de um filho de Deus. [...]

«O matrimônio – nunca me cansarei de repeti-lo – é um caminho divino, grande e maravilhoso, e, como tudo o que é divino em nós, tem manifestações concretas de correspondência à graça, de generosidade, de entrega, de serviço. O egoísmo, em qualquer das suas formas, opõe-se a esse amor de Deus que deve imperar na nossa vida. Este é um ponto fundamental que cumpre ter muito presente ao considerar o matrimônio e o número de filhos»[62].

179. Como se deve proceder nos casos em que se justifica o uso de métodos naturais?

Deve-se proceder respeitando a moralidade do ato conjugal e seguindo as indicações médicas acerca dos períodos fecundos e infecundos da mulher.

Esses métodos recebem diferentes nomes, de acordo com o procedimento que seguem para determinar esses períodos. São eles: o método Billings, o método Ogino-Knaus (chamado «método da tabela»), o método da temperatura, o método de visualização da saliva ao microscópio (PG 53), etc.

180. Que atitude tomar quando os ciclos da mulher são irregulares, ou quando, utilizando o método chamado «da tabela», advém uma gravidez não desejada? Será lícito então utilizar os métodos artificiais?

Nesses casos, deve-se consultar um ginecologista criterioso, a fim de se conseguir regular o ciclo ou adotar o método mais conveniente para a pessoa em concreto. Deve-se ter presente que, por vezes, é medicamente recomendável seguir os critérios combinados de vários métodos (por exemplo, o método Billings unido ao método PG 53, ou ao da temperatura, aos quais nos referiremos mais abaixo). Isto pode significar um incômodo, mas a matéria é tão séria que o incômodo não justifica o uso dos meios artificiais. Repetindo as palavras de João Paulo II, «os métodos anticoncepcionais são algo profundamente ilícito, que nunca, por razão nenhuma, poderá ser justificado»[63].

181. Se os métodos naturais e os métodos antinaturais pretendem alcançar a mesma finalidade – evitar filhos por uma razão justa –, que diferença existe então entre os dois métodos?

É verdade que os fins são os mesmos, mas os *meios* são muito diferentes: lícitos no caso dos métodos naturais e ilícitos no caso dos antinaturais ou artificiais, uma vez que – repetimos – existe entre ambos uma diferença essencial e objetiva, que ultrapassa qualquer questão de caráter metodológico; um fim bom nunca justifica o uso de meios maus.

182. Em que consiste essa diferença essencial e objetiva?

Essa diferença consiste em que:

1º nos métodos naturais:

* os cônjuges seguem uma lei fisiológica natural, criada por Deus, que marca os ritmos da fecundidade periódica da mulher;

* o ato conjugal se realiza de forma normal;

* os esposos renunciam, responsavelmente e de comum acordo, ao uso do ato matrimonial nos períodos fecundos, respeitando a lei de Deus.

2º nos métodos antinaturais:

* bloqueia-se o processo generativo natural, utilizando fármacos ou dispositivos mecânicos que tornam antinatural a união conjugal;

* por essa mesma razão, o ato sexual é em si mesmo anormal, pois não se respeita a sua natureza, tornando-o artificialmente infecundo;

* os cônjuges desvirtuam assim a lei de Deus, atribuindo a si próprios o direito de serem árbitros do nascimento ou da supressão da vida humana.

183. Pode-se especificar melhor o conceito de «métodos naturais»?

Chamamos «métodos naturais» aos diferentes procedimentos encaminhados a determinar o momento da ovulação para que, uma vez conhecido, os esposos possam saber quais os dias férteis em que, se não desejam a gravidez por uma justa causa, devem abster-se do ato conjugal.

184. Quais são os métodos naturais?

Os métodos naturais são:

1º *Método Ogino-Knaus* (também chamado popularmente «método da tabela»). A determinação da ovulação se faz contando um determinado número de dias a partir da última menstruação;

2º *Método da temperatura.* Baseia-se na verificação de uma variação da temperatura que indica o momento da ovulação;

3º *Método Billings.* Baseia-se na identificação das mudanças que se dão no muco cervical;

4º *Método de visualização da saliva ao microscópio* (PG 53). Quando a mulher está num período fértil, pode-se ver num microscópio de uso doméstico determinado tipo de cristalização na saliva.

185. Que condições exige o uso dos métodos naturais?

Exige principalmente duas condições:

1º a aprendizagem do método;

2º a continência periódica, ou seja, a abstinência da prática do sexo nos períodos de fecundidade da mulher.

186. Até que ponto se pode dizer que esses métodos são eficazes?

Se se observam as duas condições acima expostas, esses métodos são, em geral, muito eficazes. Por exemplo, o método da temperatura tem uma eficácia teórica de 99,6% e prática (que inclui os erros dos usuários) de 96,4%[64], e o método Billings tem uma eficácia de 98,5%[65]. O segredo da eficácia destes métodos está na sua correta aprendizagem.

187. É difícil conhecê-los e aplicá-los?

Não é difícil conhecer e aplicar esses métodos naturais, se se procura um assessoramento adequado e se põe o devido interesse. O Dr. Billings expressa-se assim: «A nossa ambição é que cada mulher conheça o seu próprio ciclo. Teríamos podido consegui-lo com todas as mulheres do mundo se tivéssemos alcançado a colaboração de todos os países e governos por um período de dez anos». A seguir, queixa-se de que o método não seja bem recebido e propagado por ser *natural*, *simples* e *barato*, e ir, portanto, contra os interesses farmacêuticos e empresariais que lucram ilicitamente e de forma elevada com o controle artificial da natalidade[66].

A Madre Teresa de Calcutá, ao receber o Prêmio Nobel, disse: «Estamos ensinando aos nossos mendigos, aos nossos doentes de lepra, aos nossos habitantes dos bairros miseráveis, à gente da rua, a planificação natural da família. A nossa pobre gente entende-a. Penso que, se a nossa pobre gente pode praticá-la, muito mais podereis fazê-lo vós e todos os outros»[67].

188. Que pensar dos cônjuges que recorrem aos métodos artificiais por acharem que os métodos naturais não funcionam?

Se alegam que os métodos naturais «não funcionam», é preciso fazê-los compreender que as falhas se devem, principalmente, a erros no conhecimento e aplicação do método escolhido ou por não estarem dispostos a fazer o menor sacrifício. Está comprovado cientificamente que a sua eficácia é maior que a dos preservativos e pílulas. Em compensação, exigem atenção em aprendê-los, cuidado em aplicá-los e um esforço – que não mata ninguém – por viver a continência durante alguns dias.

Por conseguinte, a maioria dos que fazem essa reclamação fazem-no por «comodismo» e não por segurança. Mas devem pensar que o esforço que supõe o uso dos métodos naturais compensa – mesmo humanamente – as consequências colaterais maléficas que os métodos artificiais trazem consigo: as possíveis doenças psicológicas e somáticas e os remorsos de consciência.

A Dra. Shang de Wei, diretora do plano de controle da natalidade na cidade de Xangai, na China comunista, obteve êxito completo na aplicação dos métodos naturais. A eficácia do método Billings na China comunista é atualmente de 98,5%. As mulheres que vêm adotando esse método não querem voltar a usar os métodos antinaturais por causa dos sérios prejuízos que muitos deles causam à saúde[68]. Vê-se, pois, claramente que a Igreja Católica não propõe os métodos naturais por causa de princípios morais restritivos, mas para defender os processos naturais da vida. Esses métodos não são métodos «católicos»; são naturais.

189. Como conseguir um conhecimento objetivo e claro dos métodos naturais?

É preciso:

1º ir a um ginecologista que tenha competência e critérios morais certos;

2º ler e estudar algum livro que trate da matéria;

3º procurar centros de informação que tratem da matéria ou assistir a palestras, conferências, etc., sobre o tema.

190. A continência periódica não tem caráter negativo ou repressivo?

Pelo contrário. Representa o domínio de um instinto e a prática de uma virtude que é válida tanto para os cristãos como para os não-cristãos. Com efeito, a continência tem necessariamente de ser vivida em muitas circunstâncias pelos cônjuges honestos e fiéis, como por exemplo na ausência ou doença de um deles, ou pelas precauções que a mãe deve tomar antes e depois do parto, etc. Numa palavra: quem não pratica a continência não poderá ser fiel.

191. Não se pode acusar a Igreja de que a doutrina que acabamos de expor tem um aspecto negativo, tira a liberdade dos cônjuges e impede que se aproveitem as descobertas médicas e as técnicas modernas, e, portanto, constitui uma posição retrógrada?

Diríamos que quem fala assim não meditou sobre algumas das ideias que enumeramos a seguir:

1º A Igreja não toma uma posição negativa ou uma mentalidade antivalor ao afirmar a sua doutrina, antes pelo contrário, assume uma atitude positiva a favor da vida, oposta à mentalidade antinatural ou anticoncepcional («*anti-life mentality*»).

João Paulo II diz que a Sagrada Escritura nos revela o rosto luminoso de Deus, que *é Amor* (1 Jo 4, 8), que é amante da vida (Sab 11, 26). «Não vos esqueçais nunca, mesmo no meio das dificuldades e das incompreensões, de que a doutrina da Igreja sobre a natalidade *é um serviço ao amor e à vida*, em sustento dos cônjuges que pretendem viver segundo o desígnio de Deus»[69];

2º A doutrina da Igreja não tira a liberdade humana, como não a tira uma lei que proíba o uso de tóxicos, porque, quando a liberdade desvirtua a natureza humana, não é liberdade, mas libertinagem, uma deformação da liberdade;

3º As técnicas modernas não devem ser adotadas simplesmente por serem modernas, mas por serem boas, se realmente o forem; caso contrário, aceitaríamos a guerra química ou atômica.

192. Que fazer quando se sente o peso da dificuldade em seguir a doutrina da Igreja sobre a natalidade, ou quando o meio que rodeia o casal – às vezes, os próprios pais ou sogros, os cunhados e cunhadas – a critica e desvaloriza asperamente?

Deve-se proceder ponderando:

1º que o Evangelho nos propõe um caminho árduo, mas ao mesmo tempo um caminho de salvação e felicidade;

2º que, se Deus pede alguma coisa e marca um fim, Ele próprio dará os meios para tanto;

3º que é, portanto, necessário *ter fé* na eficácia da graça sacramental específica que se recebe no Matrimônio;

4º que quem *secunda com o seu esforço* a ação da graça será coroado de êxito na sua luta.

193. Que meios concretos se devem utilizar para conseguir essa graça de Deus?

Esses meios são principalmente a oração, a confissão, a comunhão e a ajuda do sacerdote, como veremos mais adiante.

194. A doutrina dos Papas sobre a natalidade – principalmente a que se contém na Encíclica *Humanae Vitae* e na Exortação *Familiaris Consortio* – tem um caráter infalível?

A doutrina pontifícia sobre a natalidade exposta nesses documentos não se classifica como doutrina *ex cathedra* ou infalível, e faz parte do que se chama *Magistério ordinário* da Igreja.

195. Então não representará apenas a opinião pessoal desses dois Papas e portanto discutível e tran-

sitória, numa matéria aliás que parece pertencer ao âmbito exclusivo da consciência dos cônjuges?

Não. O ensinamento contido nesses documentos não representa nenhuma opinião pessoal porque pertence, como diz João Paulo II, ao *patrimônio permanente da doutrina da Igreja*[70]; não pode mudar nem ser desobedecida. Por conseguinte, não é matéria suscetível de ser deixada à consciência dos cônjuges nem de ser livremente discutida entre os teólogos.

O Papa Paulo VI, na própria Encíclica *Humanae Vitae*, dirige um apelo aos sacerdotes nestes termos: «A vossa primeira tarefa [...] é expor sem ambiguidade os ensinamentos da Igreja acerca do matrimônio. Sede, pois, os primeiros a dar exemplo, no exercício do vosso ministério, de leal acatamento, interno e externo, ao Magistério da Igreja [...]. Sabeis [...] que é da máxima importância, para a paz das consciências e para a unidade do povo cristão, que, tanto no campo da moral como no do dogma, *todos se atenham ao Magistério da Igreja e falem a mesma linguagem.* Por isso, com toda a nossa alma, vos repetimos o apelo do grande Apóstolo São Paulo: "Rogo-vos, irmãos, pelo nome de Nosso Senhor Jesus Cristo, que digais todos o mesmo e que entre vós não haja divisões, mas que estejais todos unidos no mesmo espírito e no mesmo parecer"»[71].

Nesse mesmo documento, Paulo VI apresenta claramente a doutrina da Encíclica como uma interpretação *autêntica*, não só da Lei evangélica, mas também da lei natural[72]. Convém ter presente que, pela sua experiência bimilenar, além de ser depositária da Verdade revelada pelo próprio Deus a Igreja é também *perita em humanidade.*

196. Estas diretrizes da Igreja não oferecem o perigo de favorecer o crescimento – já hoje excessivo – da população, uma «explosão demográfica» que aumente a fome e a miséria?

Os mais atualizados estudos demográficos demonstram que os recursos da humanidade, incrementados poderosamente nas últimas décadas pelos avanços científicos e tecnológicos, aumentam num ritmo muito superior ao do crescimento populacional.

Aliás, as mais recentes pesquisas evidenciam o perigo contrário: o do déficit populacional dos países ricos. Alguns deles estão literalmente definhando. Pierre Chaunu, professor de história moderna da Sorbonne – entre muitos outros autores – diz que «a atual política e mentalidade anticoncepcional representa o virtual suicídio demográfico dos países ricos». Os cálculos matemáticos são estarrecedores[73]. Esta é a razão pela qual países como a Inglaterra, a França, a Suécia e a Alemanha fomentam nos nossos dias uma política de incentivo à natalidade.

197. É lícita a fecundação artificial para conseguir o que se chama «filho de proveta» ou a utilização da denominada «barriga de aluguel»?

Por mais paradoxal que pareça, pois se trata de possibilitar o nascimento de novas vidas, a Igreja é absolutamente coerente ao declarar que esses procedimentos não são lícitos, já que separam o aspecto unitivo – o ato sexual – do aspecto procriador. A relação sexual deve realizar-se sempre normalmente, o que não acontece com a inseminação artificial: «A inseminação artificial substitutiva do ato conjugal é proibida em razão da dissociação voluntariamente exercida entre os dois significados do ato conjugal. A masturbação mediante a qual se obtém normalmente o esperma é outro sinal de tal dissociação; também quando é efetuado em vista da procriação, esse gesto permanece privado do seu significado unitivo: falta-lhe [...] a relação sexual exigida pela ordem moral, aquela que realiza o sentido integral da doação mútua e da procriação humana no contexto do verdadeiro amor»[74].

Além disso, não esqueçamos que a fecundação artificial costuma provocar a morte de alguns ou de muitos óvulos fecundados – ou seja, de seres humanos – e, portanto, equipara-se ao crime de aborto.

A única técnica lícita é a que – sem substituir o ato conjugal – tenha em vista facilitar ou ajudar a conseguir o fim da fecundação, procurando, por exemplo, que o esperma atinja o óvulo por meios artificiais, depois de realizada a relação sexual[75].

198. Se a Igreja pensa assim sobre a fecundação artificial, que devemos dizer aos casais que sentem o sofrimento da esterilidade conjugal?

Devemos dizer-lhes que «o seu sofrimento é algo que todos devem compreender e avaliar adequadamente.

«Por parte dos esposos, o desejo de um filho é algo natural: exprime a vocação para a paternidade e a maternidade, inscrita no amor conjugal. Este desejo pode ser ainda mais forte se o casal é atingido por uma esterilidade que pareça incurável. Todavia, o matrimônio não confere aos esposos o direito de ter um filho, mas tão-somente o direito de realizar aqueles atos naturais que se ordenam de per si para a procriação.

«Um verdadeiro e próprio "direito ao filho" seria contrário à sua dignidade e à sua natureza. O filho não é algo devido e não pode ser considerado como objeto de propriedade; é um dom, o maior e o mais gratuito dom do matrimônio, e é testemunho vivo da doação recíproca dos pais. A este título, o filho tem o direito – como já se recordou – de ser fruto do ato específico do amor conjugal de seus pais e tem também o direito de ser respeitado como pessoa desde o momento da sua concepção.

«Todavia, a esterilidade, sejam quais forem a sua causa e o seu prognóstico, é certamente uma dura provação. A comunidade dos fiéis é chamada a iluminar e apoiar o sofrimento daqueles que não podem realizar uma legítima aspiração à maternidade e à paternidade. Os esposos que se encontram nessa dolorosa situação são chamados a descobrir nela a oportunidade de participarem de modo particular da cruz do Senhor, fonte de fecundidade espiritual. Os casais estéreis não devem esquecer que, mesmo quando a procriação não é possível, nem por isso a vida conjugal perde o seu valor. Com efeito, a esterilidade física pode dar ensejo aos esposos de prestar outros importantes serviços à vida das pessoas humanas, tais como a adoção, as várias formas de obras educativas, o auxílio a outras famílias, às crianças pobres e excepcionais»[76].

X
Educação sexual

199. Como deve ser entendida a educação sexual?

A educação sexual deve ser entendida como uma tarefa que ensine aos mais novos o verdadeiro sentido da sexualidade, e não um sistema implantado obrigatoriamente pelo Estado para divulgar os mecanismos sexuais sem levar em consideração os princípios da moralidade natural, a idade e psicologia própria, de cada jovem, bem como os direitos inalienáveis dos pais nesta importante questão.

200. Quem deve ser responsável pela educação sexual?

Os primeiros responsáveis pela educação sexual são os pais. É um direito e um dever natural e indelegável: os que deram a vida ao filho são os que lhe devem ensinar o verdadeiro sentido dessa vida e da sua dimensão sexual.

201. Há neste terreno alguma orientação específica da Igreja?

Sim, há uma orientação muito precisa. Entre os muitos textos que poderíamos aduzir, citamos apenas um de João Paulo II, na *Familiaris Consortio*, que é altamente significativo:

«A educação para o amor como dom de si constitui também a premissa indispensável para os pais chamados a oferecer aos filhos uma clara e delicada educação sexual. Diante de uma cultura que "banaliza" em grande parte a sexualidade humana, porque a interpreta e vive de maneira limitada e empobrecida, ligando-a unicamente ao corpo e ao prazer egoístico, a tarefa educativa dos pais deve dirigir-se com firmeza para uma cultura sexual que seja verdadeira e plenamente pessoal. A sexualidade, com efeito, é uma riqueza de toda a pessoa – corpo, sentimento e alma –, e manifesta o seu significado íntimo ao levar a pessoa ao dom de si no amor»[77].

202. Como se deve concretizar esse direito fundamental dos pais?

Afirma o mesmo documento: «A educação sexual, direito e dever fundamental dos pais, deve ser levada a cabo sempre sob a sua solícita direção, quer em casa, quer nos centros educativos escolhidos e controlados por eles. Neste sentido, a Igreja reafirma a lei da *subsidiariedade*, que a escola deve observar imbuindo-se do mesmo espírito que anima os pais ao cooperar com eles na educação sexual»[78].

203. Neste contexto, que significado têm as normas morais e a educação para a castidade?

Neste contexto, diz ainda João Paulo II, «é absolutamente irrenunciável *a educação para a castidade* como virtude que desenvolve a autêntica maturidade da pessoa e a torna capaz de respeitar e promover o "significado nupcial" do corpo»[79].

204. A que leva esta afirmação?

Leva a dizer que «a Igreja se opõe firmemente a uma certa forma de informação sexual desligada dos princípios morais, tão difundida que não é senão uma introdução à experiência do prazer e um estímulo que conduz – ainda nos anos da inocência – à perda da serenidade, abrindo as portas ao vício»[80].

205. Podem-se indicar alguns pontos dessa informação sexual que abre as portas ao vício?

Alguns países implantaram um sistema educacional que possui várias das seguintes características:

1º conotação amoral: as relações sexuais nada têm a ver com a moral; o importante nelas é conseguir o maior prazer pessoal;

2º desvinculação entre a finalidade erótica e a procriativa, que estão natural e indissoluvelmente unidas;

3º desrespeito à intimidade e ao pudor que cercam todo o ato de amor;

4º pouco ou nenhum valor atribuído aos componentes afetivos e espirituais do ato sexual;

5º promoção de uma educação sexual prematura, que consiste primordialmente em descrever a anatomia genital, com demonstrações repetidas de nudismo e de relações sexuais;

6º fomento da perversão sexual, como o prova uma vasta experiência psicanalítica: a maioria dos adultos neuróticos são produto de uma sedução sexual na infância e na meninice. Segundo os psicólogos, a sedução não se limita ao ato sexual em si: em termos psicanalíticos, pode-se *seduzir* uma criança expondo-a a um ensinamento sexual mal orientado em escolas públicas ou particulares;

7º manipulação da privacidade e intimidade das crianças e adolescentes, induzindo moças e rapazes a contar na sala de aula o que não estariam dispostos a revelar nem sequer num diário íntimo[81].

206. Que consequências traz esse tipo de educação sexual?

Poderíamos indicar algumas, a título de exemplo:

1º «As crianças doutrinadas sexualmente por esse método de ensino não têm qualquer possibilidade de uma adaptação sexual madura. O seu destino é a perversão e a impotência. Os estudantes e a civilização de que fazem parte acabam por ser destruídos».

A citação parece alarmista, mas reproduz o pensamento do Dr. Melvin Anchel, autor do famoso livro *Maturidade mental e saúde integral*, em que esse experiente especialista analisa os problemas sexuais dos pacientes que o procuraram ao longo da sua vasta trajetória profissional[82];

2º «As normas e valores sexuais que se ensinam nos programas de educação sexual sob os auspícios da Federação Internacional da Paternidade Planificada (*IPPF – International Planned Parenthood Federation*) nada têm a ver com a moral sexual. São simplesmente a justificativa de qualquer ato sexual com qualquer parceiro – seja do outro sexo ou não –, a glorificação das perversões, a aprovação da masturbação e a instrução relativa ao aborto e à contracep-ção»[83];

3º «Os estudantes são levados a crer que os valores dependem unicamente de fruir o que se faz e de fazer o que dá prazer»[84], com o que se lançam as bases da mais perversa «sociedade do egoísmo»;

4º «Como é evidente, para satisfazer os pedidos das adolescentes grávidas solteiras, as clínicas de aborto converteram-se em algo tão comum como os salões de beleza».

207. Que repercussões tem na psicologia juvenil toda essa atividade sexual puramente «biológica», «mecânica»?

Podemos apontar algumas delas:

1º «Ensinar os adolescentes a tolerar as perversões e a pensar que o orgasmo obtido por qualquer meio é benéfico, pode levá-los a converter-se em robôs mecânicos, sem alma, capazes de praticar qualquer tipo de ato sexual com a maior indiferença e sem remorsos: estas são precisamente as características das prostitutas e dos pervertidos»[86].

2º «Milhões de moças adolescentes ficam grávidas a cada ano. Por exemplo, em 1979 apurou-se que 5 milhões de adolescentes entre os 15 e os 19 anos mantiveram relações sexuais. Um ano mais tarde, em 1980, deu-se 1,1 milhão de casos de gravidez entre esses 5 milhões; 460 mil terminaram em aborto»[87].

3º «Quando a relação sexual é puramente "biológica", "mecânica", as necessidades afetivas não se satisfazem durante o ato sexual, e, em decorrência, aparecem frequentemente frustrações e depressões graves. Para aliviar essas depressões, muitos jovens sexualmente ativos apelam hoje em dia para o álcool, as drogas e também para o suicídio. Desde que se estabeleceram os programas de educação sexual nas escolas, triplicaram as reclusões nos hospitais por motivos de depressão e os suicídios aumentaram 200%.

«Uma epidemia de adolescentes suicidas vem varrendo os Estados Unidos. O suicídio de adolescentes é agora a segunda causa de morte entre jovens de menos de 21 anos. Na edição de 21 de março de 1985 do Boletim da Comunidade Judaica de Los Angeles, o psiquiatra Dr. Richard Bloom informa que o aumento dramático dos suicídios de adolescentes pode ser atribuído diretamente à vida sexual do adolescente atual»[88].

208. Que conclusão devemos tirar dos dados que acabamos de citar?

Devemos tirar como conclusão que cabe aos pais dar a orientação sexual necessária aos filhos, levando em conta o sexo, a idade e o grau de desenvolvimento físico e psíquico de cada um deles. E no seio da família – onde encontrarão um clima sexual transparente, sem traumas nem aberrações – que os filhos conseguirão desenvolver a sua personalidade de verdadeiros homens e mulheres.

209. Quais os princípios que devem nortear os pais na educação sexual dos filhos?

São vários os princípios que devem nortear essa educação:

1º Dar um sentido positivo à sexualidade: o sexo não é um mal que se deva evitar, mas um magnífico dom de Deus, destinado a unir duas pessoas através do amor conjugal e a ser a fonte natural da vida. É preciso ensinar os filhos a ver o mundo, os homens e as mulheres com olhos claros e limpos, sem embaçá-los com proibições puramente negativas ou desviá-los com mentiras, meias-verdades, máscaras ou bloqueios.

2º Falar com os filhos como e quando se deve, com diligência e coragem, sem inibições nem receios. Quando os pais se calam, os filhos procuram informações onde não devem, na rua, nas revistas, nos dicionários, nos manuais de ginecologia. E encontram-nas «ao acaso, em reuniões turvas – como diz Pio XII –, em conversas clandestinas, na escola de companheiros de pouca confiança e já muito versados, ou por meio de leituras ocultas, tanto mais perigosas e prejudiciais quanto mais o segredo inflama a imaginação e excita os sentidos».

A tática do silêncio é sempre lamentável, além de revelar a hipocrisia covarde de quem não se atreve a dizer a verdade. O pudor mal entendido, a falta de léxico apropriado, a ausência de uma instrução conveniente dos próprios pais fizeram com que a geração que nos precedeu se omitisse, encerrando-se num silêncio deformador e nada educativo.

3º Em caso de dúvida a respeito do momento em que se deve falar, é melhor antecipar-se do que atrasar-se. O que é fatal é chegar com um dia de atraso.

A menina deve conhecer, *antes que aconteça*, a causa da menstruação e a relação entre esse fenômeno e o dever sagrado da maternidade. E o rapaz também tem de ser *previamente* instruído sobre a causa das efusões noturnas e involuntárias de esperma que virá a experimentar, e a sua conexão com a geração dos filhos reservada exclusivamente ao matrimônio.

4º A conversa tem de ser individual com cada um dos filhos. Diz o Papa Pio XII: «À mãe com as filhas, ao pai com os filhos – quando necessário – cabe levantar cautelosamente, delicadamente, o véu da verdade, dando a resposta prudente, justa e cristã às suas perguntas e às suas inquietações.

«Recebidas dos vossos lábios de pais cristãos com a devida prudência e os cuidados convenientes, as revelações sobre as misteriosas e admiráveis leis da vida serão escutadas com reverência e gratidão, iluminando as almas dos vossos filhos com muito menor perigo do que se as aprendessem ao acaso».

5º A formação que se deve dar tem de ser paulatina e completa: não se esgota de uma vez nem pode ser compreendida numa única lição; exige muitas lições e deve ser ministrada à medida que se apresenta à sã curiosidade dos filhos. Para isso, é bom ler algum livro adequado.

6º É necessário tomar em consideração que o desenvolvimento físico e psíquico é muito diferente entre crianças e adolescentes de um e outro sexo.

210. Neste sentido, que aspectos se devem ter presentes na instrução das filhas adolescentes?

«Como têm as estruturas genitais biologicamente imaturas – diz ainda Melvin Anchell – as moças adolescentes não se sentem primordialmente interessadas em relações sexuais senão muito mais tarde que os rapazes; além disso, como a psicologia feminina só se completa na adolescência tardia, a natureza dotou a mulher jovem de uma "aversão natural" pelo ato sexual»[89].

Apesar disso, «os seus sentimentos sensuais podem ser tão intensos quanto os dos rapazes. Esses desejos, porém, não se orientam nelas para o ato sexual físico, mas relacionam-se com as fantasias e os sonhos, os beijos e as carícias: com o desejo de amar e ser amadas, de escutar palavras ternas e, por vezes, de ter um filho. Os seus sentimentos eróticos não estão inseparavelmente ligados ao ato sexual, como no homem»[90].

211. Qual a consequência dessa característica da psicologia feminina que leva a mulher a uma certa indiferença perante a relação sexual na sua primeira juventude?

«Essa indiferença da jovem pelo ato sexual – escreve o mesmo especialista – serve para fortalecer a natureza afetiva e espiritual da sexualidade. A castidade da jovem adolescente é essencial para o desenvolvimento das relações de afeição e para a espiritualização do sexo.

«Através dessa espiritualização, os adolescentes, tanto homens como mulheres, aprendem a considerar o sexo e o companheiro sexual como algo da maior importância»[91].

212. Que efeitos tem esta espiritualização do sexo?

«Através dela – continua a dizer o mesmo autor – a juventude aprende a estimar as pessoas do sexo oposto. No homem, esta estima inclina-o mais intensamente a preferir as jovens castas às jovens mais fáceis»[92].

213. Quer dizer que o rapaz geralmente valoriza mais a moça que preserva sua virgindade?

Sem dúvida é assim na maioria dos casos. Quando o rapaz procura uma moça para se casar, procura-a geralmente entre moças honestas, que saibam viver a dignidade feminina, o pudor, o recato e a virgindade. Para «transar», dizem os rapazes, há muitas; para casar, poucas.

214. Mas isto não parece estar em desacordo com a mentalidade juvenil mais comum?

Absolutamente. Os rapazes geralmente propagam essa ideia «da boca para fora», mas no íntimo o que desejam é uma mulher que seja virgem e que lhes dê, no matrimônio, a garantia de uma fidelidade indiscutível. E isso só se encontra entre as moças que sabem viver a castidade.

215. Que clima deve existir num lar cristão para que reine nele a pureza de vida?

O clima do lar é criado pelos pais, e tem que ser tão forte que neutralize o clima exterior. O melhor sistema para aquecer uma sala não é calafetar minuciosamente todas as fendas e sim acender um bom fogo na lareira.

A pureza não é só «preservação», prudência para evitar os perigos; muito menos repressão. É transbordamento de plenitude. O rio do amor renuncia aos desvios que o levam à esterilidade do pântano, porque corre alegre pelo seu leito para dilatar-se na plenitude do grande mar: diz *não* aos desvios porque diz *sim* ao mar. Um *não* à impureza é um *sim* ao amor. E isso é o que os pais têm de ensinar pela sua fidelidade mútua.

Alguns pais que se surpreendem com os costumes inconvenientes dos seus filhos, com as suas amizades pouco recomendáveis, com o despudor do seu comportamento, não se deveriam surpreender tanto. Durante anos, esses pais frequentaram praias indecentes junto com os filhos, viram juntos certos programas grosseiros ou cínicos de televisão, riram-se complacentemente de piadas de mau gosto. Não deveriam surpreender-se tanto: «Quem semeia ventos, colhe tempestades»...

Quando não queremos ter em casa a presença de uma pessoa indesejada, não a convidamos. No entanto, quantos pais cristãos abrem as portas a qualquer tipo de convidados – bêbados, prostitutas, homossexuais ou adúlteros – ao ligarem a televisão para verem junto com os filhos um programa humorístico ou uma novela de baixo nível! O convidado do programa diário ou semanal toma conta do ambiente; é o soberano do lar, o ponto de convergência de todos os olhares, a emoção que silencia todas as gargantas, que hipnotiza todas as sensibilidades, especialmente quando a cena é das chamadas «fortes». Os pais presentes talvez façam uma crítica, mas não mudam de canal. Que podem esperar de semelhante atitude? Que escala de valores podem vir a formar nos seus filhos, meninos e meninas que vão dos doze aos dezoito anos?

Algumas vezes, os pais desconhecem por completo o que se passa na cabeça e no coração dos filhos, que são mais «filhos da nova geração» do que do «seu próprio espírito». Pensam que, com esse seu «espírito cristão», podem anular as «experiências» recebidas através da televisão ou dos contatos com garotos e garotas na escola e na rua, mas depois surpreendem-se ao constatarem a realidade. Como aquela mãe católica a quem a filha perguntou como deveria fazer quando se casasse, pois não sabia nada da vida conjugal. A boa mulher começou a explicar-lhe como se fazia no amor, como ele se realizava docemente obedecendo ao chamado do instinto..., que não temesse a primeira noite de núpcias porque a paixão mútua cumpriria com os ritos da natureza...

A filha começou a rir às gargalhadas, enquanto dizia ironicamente: – «Não, mamãe! Por favor!... Você está por fora. Esse negócio de cama, já eu estou farta de saber. O que quero que me explique é como se prepara um menu, como se passa uma calça, como se costura um botão»...

A mãe realmente estava «por fora». Sentia-se inibida de revelar à filha o que ela já tinha aprendido de mau jeito na rua ou talvez num motel, e jamais se preocupara de ensinar-lhe isso e tudo o mais que as moças têm de aprender no cotidiano da vida doméstica. Resultado: o mau, os filhos aprendem-no lá fora, na rua e na escola. E o bom, não o aprendem em casa. E depois as mães choram...

Os filhos – insistimos – têm de ser educados pelos pais: com palavras avalizadas e exemplificadas pela conduta. Se a mãe não guarda o pudor na praia, se o pai não controla os seus olhares pela rua, se ambos não sabem renunciar a um programa inconveniente, e se tudo isso é observado pelos filhos, como é que esses pais podem surpreender-se depois com os namoricos levianos dos filhos, com as «experiências» de rua, com as noitadas em discotecas mal frequentadas, com essas «amizades coloridas» e com o temido «fumo» que abre as portas do tóxico...?

XI
Namoro, noivado e lua de mel

216. Como se deve encarar o namoro?

A ideia fundamental que deve presidir ao namoro é esta: *é preciso namorar sempre com o intuito de encontrar o futuro cônjuge.*

Não se namora porque «todos têm» um namorado ou uma namorada, ou para ter alguém com quem passar o tempo, ou para satisfazer necessidades afetivas ou sexuais. O namoro encarado seriamente deve ter em vista o grande ideal de constituir uma família perfeita que torne feliz a união conjugal.

217. Qual é, pois, a verdadeira finalidade do namoro?

A verdadeira finalidade do namoro é aprofundar no conhecimento pessoal, no relacionamento mútuo, na afeição comum, de tal maneira que cada um dos namorados possa responder afirmativamente e com segurança a estas perguntas: «Poderei eu viver feliz e santamente com esta pessoa, compartilhando o mesmo teto, os mesmos ideais e projetos, as atitudes mais íntimas, durante a vida toda? Será ela uma boa mãe – ou um bom pai – para os meus filhos?»

218. Quando começar a namorar?

Não demasiado cedo, e certamente não antes de completada a puberdade. A razão é que não se deve despertar a atração pelo outro sexo antes do tempo, por um lado, e que é preciso também dar-lhe o tempo necessário para que amadureça suficientemente. Os «namoricos» prematuros só tendem a desvirtuar a capacidade de amar, fixando-a em atitudes sexualizadas e imaturas, além de distraírem dos estudos e de outras atividades necessárias à formação do caráter.

219. Como devem comportar-se os namorados?

Os namorados devem comportar-se como o que são: *namorados*, não como noivos e menos ainda como cônjuges. O homem e a mulher devem adotar atitudes diferentes para exprimir situações diferentes.

220. Como devem os namorados expressar a sua afeição?

Devem expressá-la, voltamos a repetir, como namorados, com carinho e gestos de namorados, que sejam manifestação da mútua ternura e afeto, e não satisfação erótica. Ou seja, mais pelas palavras de afeição e pela troca de ideias do que por carícias e expressões corporais.

Neste sentido, é recomendável que se comportem sempre como se estivessem diante do Anjo da Guarda ou, melhor, diante de Deus, que efetivamente está presente em toda parte. Se procederem assim, não lhes será difícil compreender as orientações da moral cristã neste ponto: os beijos, os abraços e carícias devem ser unicamente expressão do afeto mútuo; deverão evitar, por conseguinte, qualquer ação que provoque uma excitação sexual ou possa levar ao orgasmo, ainda que não se consume uma relação sexual propriamente dita.

221. Que outros aspectos devem compor o «clima» do namoro?

O clima do namoro deve ser de mútuo respeito, e ao mesmo tempo de plena franqueza, sinceridade e lealdade, como detalharemos mais adiante.

Nesta fase, costumam dar-se, pela inexperiência dos namorados, alguns erros naturais. É comum, principalmente, que caiam no amor *possessivo*, com as consequentes ciumeiras, altos e baixos, rompimentos e reatamentos tempestuosos, etc. Além disso, é muito frequente que exijam de si próprios, e exijam um do outro, uma dedicação e uma «pegajosidade» excessivas: pensam que têm de ficar sempre «juntinhos», na escola, no trabalho, nos planos de lazer, não gostam de que o outro ou outra faça planos com a família própria ou com os amigos que tinha antes de se conhecerem, sentem inveja dos namorados anteriores do outro, etc...,

Semelhante exclusivismo só é próprio do casamento, e, se mesmo este é uma união entre duas pessoas integrais, livres e iguais, cada qual com a sua personalidade própria, por maioria de razão o namoro nunca deve impedir a vida pessoal cada um.

Não se pode deixar de estudar, de conviver normalmente com a família, de cultivar amizades, de fazer planos independentes, só porque se está namorando. Isto pode parecer frio, cerebrino, pouco romântico, mas a verdade é que o próprio namoro se torna mais autêntico e mais realizador quando é conduzido mais pela inteligência do que pela paixão.

Outra ilusão comum é a de que a pessoa que se está namorando é «a predestinada», aquela que «foi feita para mim desde toda a eternidade». Embora correndo o risco de ferir alguma sensibilidade, é preciso que sejamos muito práticos nesta matéria: a vontade de Deus para toda a pessoa concreta não está nos seus sonhos românticos, nas palpitações do coração ou sentimentalismos desse gênero – isso pode ser um indício –, mas sim na contraprova dessa inclinação, que se deve buscar, como veremos, no mútuo conhecimento em contato com a realidade mais terra-a-terra. Portanto, enquanto não se casou, as possibilidades *permanecem em aberto*; por isso, durante o namoro, não se deve ter medo de terminar, de romper, se se vê objetivamente que não se leva caminho de chegar ao casamento.

222. Mas não é muito «traumático» terminar um namoro?

Se o namoro é uma fase de experiência, não é de estranhar que as primeiras experiências não deem certo. É muito importante *não dramatizar* o relacionamento próprio dos namorados, dando excessiva importância ao que não a tem; caso contrário, corre-se o risco de romper em meio a um torvelinho emocional para, depois, alimentar remorsos ou ressentimentos, além de se deixar dominar por um medo tolo de iniciar um novo relacionamento.

Para os que sofrem de «desilusões» amorosas, convém ter sempre presente que essa é precisamente a finalidade do namoro: escolher uma pessoa com quem se esteja disposto a viver a vida toda, e que seja uma boa mãe ou um bom pai para os filhos que se venham a ter. É natural, por isso, que haja hesitações e incertezas nessa procura. E é bom também lembrar esse ditado do senso comum, embora no momento mais aceso da autocompaixão e do vitimismo possa parecer quase uma blasfêmia: «Um prego se tira... com outro prego». Quer dizer: para curar um desapontamento no namoro, nada melhor que um outro amor.

223. Que aspectos da diferenciação sexual entre o homem e a mulher se devem ter presentes durante o namoro e o noivado?

Deve-se ter presente sobretudo o seguinte aspecto, apontado por Leo Trese: «Deus, ao estabelecer os meios para perpetuar a espécie humana, fez do homem o princípio ativo procriador. Por isso, normalmente, os desejos acendem-se nele com muito mais facilidade do que na mulher. Pode acontecer que uma moça faça com toda a inocência umas meiguices que, para ela, não serão mais do que uma expressão romântica [...], mas que para o seu jovem companheiro serão ocasião de pecado mortal. Na mesma linha de ignorante inocência, uma mulher pode atentar sem má intenção contra a modéstia no vestir, simplesmente porque mede a força dos instintos sexuais pela sua própria»[93].

224. Que pensar, então, das relações sexuais pré-matrimoniais? Por acaso não se justificam quando há sérios obstáculos para contrair matrimônio a longo ou a curto prazo, ou quando existe o perigo de o namoro vir a romper-se se não se concorda em manter relações? Há também jovens que perguntam: se nos amamos de verdade e estamos decididos a casar-nos, por que adiar algo que nos parece importante para a nossa felicidade? Em todos esses casos, o que se deve responder?

Quem pensa assim engana-se num ponto fundamental a respeito do amor. Os namorados devem ter em conta, sobretudo, que *a maior prova do seu amor mútuo é justamente o sacrifício que fazem vivendo a castidade.* Se não forem capazes de viver essa virtude até o casamento, que garantias oferecem de que virão a ser homens e mulheres fiéis e dignos de confiança?

Além disso, convirá que considerem estes três pontos:

1º O primeiro consiste em compreender que a coabitação não é nenhuma garantia de que o casamento se realizará efetivamente.

Como é que uma moça que se entrega a um rapaz – perdendo a virgindade – pode estar certa de que um dia esse rapaz se casará com ela e com ela permanecerá para sempre? Se já dentro do matrimônio, depois de um compromisso formal de permanência no amor, sobrevêm tantas separações e divórcios, como não temer que uma relação descomprometida – desprovida da firmeza de um acordo conjugal – possa muito bem não resistir às crises de relacionamento e às tentações contra a fidelidade?

Quantas moças beirando os 27 anos ficaram penduradas no vazio, com uma doentia carência afetiva, por terem sido abandonadas pelo parceiro que, até a véspera, lhes prometia de pés juntos que iria casar-se? E vice-versa, como não pensar que a mulher que se dispôs facilmente a iniciar uma vida em comum revela por essa atitude o «caldo da cultura» das desajustadas, das «gatinhas»? Sobreviverá ainda nela esse instinto tão nobre, tão forte da maternidade, esse desejo profundo de amar e de ser amada por um homem que seja dela para sempre, de ter um lar e de ser querida pelo marido e pelos filhos até o fim da sua existência?

2º O segundo ponto é saber se se deseja ou não que a relação sexual pré-matrimonial obtenha o seu fruto natural, que é o filho. Se não é assim, essa relação, já só por isso, está profundamente desvirtuada. Voltamos a repetir que Deus colocou o prazer sexual como «estímulo» à procriação, e por isso, se se excluem os filhos logo de entrada, por um período mais ou menos longo, além de se violar a ordem natural, é extremamente duvidoso que o relacionamento conduza algum dia ao matrimônio, de tal maneira esse relacionamento é necessariamente *precário.*

3º Por último, se se deseja ter o filho nas relações pré-matrimoniais, é de perguntar: existem realmente garantias para a sua perfeita educação?

A educação exige a tarefa solidária e estável do pai e da mãe durante um longo período de tempo, e é difícil, para não dizer impossível, que duas pessoas não casadas ofereçam essa garantia. E é o filho inocente quem sofrerá as consequências. Aliás, como se sentirá essa criança ao vir a saber que é «filho de mãe solteira?»

Não é somente pelo bem dos cônjuges, como garantia da autenticidade do seu amor, que o matrimônio é indissolúvel, mas especialmente pelo bem dos filhos, cujo desenvolvimento sadio exige a estabilidade da união entre os pais.

225. Isto que se acaba de dizer não será apenas uma opinião pessoal? Já ouvi um sacerdote dizer que, quando o amor é autêntico, é legítimo ter relações pré-matrimoniais. Que diz o Magistério da Igreja a este respeito?

A Igreja sintetiza assim a sua doutrina: «Como ensina a experiência, para que a união sexual possa corresponder verdadeiramente às exigências da sua finalidade própria e da dignidade humana, o amor tem de contar com uma salvaguarda na estabilidade do matrimônio. Essas exigências demandam um contrato conjugal sancionado e garantido pela sociedade, contrato esse que instaura um estado de vida de capital importância tanto para a união exclusiva do homem e da mulher como para o bem da sua família e da comunidade humana.

«Quase sempre, efetivamente, as relações pré-matrimoniais excluem a perspectiva da prole; o que se pretende fazer passar por amor conjugal não poderá assim vir a desenvolver-se num amor paterno e materno, o que deveria acontecer sempre. Ou, se se aceitam os filhos, será certamente em detrimento deles, porque se verão privados do ambiente estável em que deveriam criar-se e desenvolver-se como convém, a fim de poderem encontrar a via e os meios para a sua própria inserção na sociedade»[94].

226. Pode-se citar algum outro documento da Igreja sobre este ponto?

Entre muitos outros documentos que se poderiam citar, parece-nos particularmente expressiva a *Declaração sobre o matrimônio e o divórcio* do Comitê permanente do Episcopado do Chile: «Queremos reiterar o que a Igreja sempre afirmou sobre as relações sexuais pré-matrimoniais, consideradas hoje por muitos jovens como um preâmbulo natural ou ainda conveniente do matrimônio: que *a verdadeira preparação matrimonial é a pureza*, o respeito mútuo, o domínio sobre a natural impaciência da paixão, o afã nobilíssimo de situar o centro de gravidade do relacionamento acima dos sentidos. Só se pode entregar o corpo quando com ele se entrega a vida inteira mediante o compromisso indissolúvel, social e sacramental do matrimônio. Só então, dentro dessa comunidade definitiva de amor na sociedade e na Igreja, é que a entrega dos corpos é santa; antes, não pode ser senão uma antecipação ambígua, vulnerável aos enganos, às amarguras e frustrações que a experiência deixa ver onde quer que se quebre a ordem verdadeira do amor cristão».

227. Mas se não são lícitas as relações sexuais antes do matrimônio, não se expõem os nubentes – sem essas «experiências pré-matrimoniais» – a um perigo de fracasso conjugal precisamente por causa da sua inexperiência sexual?

Esse receio não tem razão de ser porque:

1º A relação pré-matrimonial não constitui uma autêntica experiência, nem do ponto de vista fisiológico nem do psicológico. O clima afetivo e as relações sexuais mantidas entre marido e mulher são muito diferentes daquelas que se mantêm em circunstâncias menos sérias e comprometidas. Pelo contrário, são muitos os fracassos que acontecem quando marido e esposa se comportam do mesmo modo como se relacionavam antes do casamento.

2º É impossível ter «experiência» de tantas coisas que se dão após o casamento: a vida em comum, que ganha aspectos novos depois de os cônjuges se saberem um do outro para sempre, a educação dos filhos ao longo das diversas fases de crescimento, o desemprego, os problemas de saúde de um dos cônjuges ou de ambos, e mais adiante o fato de se ser avô ou avó... O namoro e o noivado bastam como *preparação* para a fatura realidade e como garantia das disposições básicas que se terão de cultivar.

3º A natureza humana é a melhor mestra neste terreno: «não é necessário ter tido relações sexuais antes do matrimônio para saber o que se deve fazer depois»[95].

4º A relação sexual natural pode trazer consigo o nascimento de um filho, apesar de todos os cuidados. Nesse caso, o filho que vier a nascer terá de ser considerado fruto de *uma experiência*, o que repugna à dignidade humana.

228. Que deveria responder a moça ao namorado ou ao noivo que lhe dissesse: «Prove que você me ama de verdade dando-me o seu corpo»?

Se o namorado ou noivo viesse com esse argumento – que muitas moças não têm a coragem de contestar – deveria reargumentar nestes termos: «Se você realmente me ama, não me pode pedir uma coisa que sabe que me magoa, que vai contra os meus princípios. *Prove você que me ama esperando o casamento*: demonstre-me o seu amor fazendo este sacrifício por mim, pelo nosso futuro lar, pelos nossos filhos! Dê-me um sinal definitivo de que me ama muito mais pelo que eu sou do que pelo prazer que você poderia conseguir de mim».

229. Que outras atitudes se devem assumir durante o namoro ou o noivado?

O namoro e o noivado devem pautar-se por algumas atitudes importantes:

1º Nunca se devem namorar simultaneamente duas moças ou dois rapazes, e muito menos se já se está noivo: isso seria uma falta de lealdade e um prenúncio de mau agouro para a fidelidade mútua que depois se terá de preservar ao longo da vida conjugal.

O *donjuanismo* indica sempre um comportamento imaturo, que pretende fazer gala de uma virilidade da qual não se está muito seguro. E as moças frívolas com «mentalidade de ave migratória» não são dignas de um namoro ou de um noivado no sentido próprio da palavra.

2º É imprescindível que se chegue ao noivado com um bom conhecimento mútuo, que não se detenha no amor à primeira vista, nos atrativos físicos ou nas vantagens sociais, profissionais ou financeiras que podem resultar da união.

Para isso, é necessário não só que namorado e namorada se vejam com frequência, mas sobretudo que, passados os primeiros encontros, se comportem um com o outro com absoluta *naturalidade* e *sinceridade*, sem quererem fazer boa figura, sem camuflarem o caráter, sem esconderem os modos de reagir. O contrário seria um logro de consequências fatais a curto prazo – após o casamento...

3º Há algumas atitudes concretas que podem servir de indício de que é conveniente interromper um namoro; citamos algumas, a título de exemplo:

* quando o comprometimento sentimental é excessivo, e se percebe que o namorado ou namorada não é capaz de controlar as emoções;

* quando são frequentes os desentendimentos, mesmo em detalhes;

* quando se nota no namorado ou namorada uma frivolidade, uma susceptibilidade ou uma preguiça profundamente arraigadas;

* quando se observa um mau gênio habitual que, embora não se manifeste com o namorado ou namorada, se percebe no modo como a pessoa trata os seus familiares, conhecidos etc.;

* quando a pessoa não se comporta com franqueza.

A lista poderia prolongar-se, mas o importante é observar se esses defeitos estão arraigados na pessoa, fazendo prever que é pouco provável que mude, ou se se trata de fraquezas ocasionais num caráter habitualmente bem formado.

É ilusório pensar, por outro lado, que se poderá mudar o temperamento ou modo de ser do outro cônjuge só pelo fato de já estarem casados: a única coisa que faz as pessoas superarem os seus defeitos é uma decidida atitude pessoal de luta interior, apoiada na oração e nos sacramentos. É a outra pessoa que tem de querer mudar, e não seremos nós que a transformaremos, embora possamos e devamos ajudá-la.

4º Além de chegarem a um sólido conhecimento mútuo e de verificarem, por conseguinte, a sintonia ou a complementaridade de gênios, devem chegar também à plena concórdia na construção de uma escala de valores fundamentais, que inclua entre outros os seguintes aspectos:

* antes de mais nada, se estão dispostos a receber todos os filhos com que Deus os queira abençoar: vendo em cada novo filho, não uma nova carga, mas uma prova de confiança e de predileção divinas;

* quando pensam ter o primeiro filho – sem adiar indefinidamente a sua vinda por comodismos e calculismos egoístas –, recordando-se de que a partir desse momento o matrimônio ganhará outra plenitude e se fortalecerá, e de que é durante a juventude dos pais que se assegura melhor a educação da prole;

* se estão firmemente decididos a seguir unicamente os métodos naturais no caso de terem de espaçar os novos nascimentos ou de ser necessário não terem filhos, havendo graves razões para isso;

* como será o ambiente religioso da família, as práticas de devoção comuns e, sobretudo, como pretendem cuidar da formação religiosa dos filhos;

* qual será o nível de participação de cada um na vida familiar e na educação dos filhos: concretamen-

te, o tipo de dedicação do futuro marido à vida profissional e o da futura esposa às tarefas domésticas e a ocupações profissionais ou outras fora de casa;

* que padrão de vida desejam seguir relativamente à instalação do lar, aos bens, às reservas econômicas, à vida social, etc.

230. E quanto aos aspectos secundários?

Também esses aspectos devem ser matéria de conversa franca, pois é sabido que muitas vezes a vida de casados ou se robustece ou, pelo contrário, se desgasta irremediavelmente pelos pequenos detalhes da vida cotidiana, tais como:

* os gostos artísticos, literários, preferências sobre as diversas formas e ocasiões de lazer, etc.

* um regime mínimo de vida doméstica relativo a horários, refeições, hábitos caseiros, etc.

* o tipo e a frequência de relacionamento que se vai ter com a família de que se procede e da do outro cônjuge.

* o local de moradia e – questão já nada secundária – se o tipo de trabalho profissional do futuro marido o obrigará a frequentes viagens ou a ter de mudar de cidade ou de país.

* quaisquer outros aspectos que possam ser fonte de implicâncias no futuro, por menores que sejam, sabendo, por outro lado, que ceder nesses pontos não significa «perder a própria personalidade», *mas*

perder o egoísmo. A vida matrimonial sempre exigirá que um e outro cônjuge renunciem a valores acidentais para assegurarem um denominador comum essencial. Quando no namoro ou no noivado não se chega a ter garantias do espírito de mútua tolerância e de concessões generosas nessas coisas triviais, é melhor não prosseguir na direção do casamento.

231. Para tomar uma decisão firme a respeito do casamento, será conveniente valer-se do conselho de alguma pessoa?

Tendo em conta que o matrimônio é uma vocação para toda a vida, com consequências tão importantes e duradouras, é de bom senso que os noivos consultem quem possa aconselhá-los com total isenção: os pais, alguma pessoa amiga de formação cristã profunda, e especialmente o sacerdote de quem se receba habitualmente orientação espiritual.

232. De qualquer modo, a decisão última não é sempre pessoal?

A decisão última é sempre pessoal, e por isso os futuros cônjuges devem meditar muito no passo que vão dar, persuadidos de que o matrimônio é «para sempre».

O contrato matrimonial é, como já vimos, um contrato de adesão, à semelhança por exemplo do contrato que se faz ao comprar uma passagem aérea: ou se adere ou não se adere às condições da viagem. Mas, se o passageiro adere, não pode exigir que o avião altere o destino final para, por exemplo, fazê-lo descer numa ilha do Atlântico que o entusiasmou lá do alto.

O matrimônio é uma viagem que termina na felicidade eterna. É necessário, por isso, evitar os movimentos emotivos, as decisões apressadas. Há muita coisa em jogo no matrimônio, além do sentimento. A decepção não pode acontecer depois do casamento, poucos meses ou muitos anos depois; se deve acontecer, deve acontecer *antes.*

De qualquer modo, o mais importante, depois de observadas todas as cautelas mencionadas, será o «teste» do *espírito de sacrifício*, de uma paciência compreensiva e amorosa que, como vimos, é a única que imuniza contra desajustes que só a vida revela e contra o desgaste da passagem do tempo. Mas isso não deve assustar os futuros cônjuges: é preciso que confiem na força unitiva da graça sobrenatural do sacramento que vão receber.

233. Quanto tempo deve durar o noivado?

Deve durar o necessário para que os noivos estejam suficientemente preparados e amadurecidos; um ou dois anos, na maioria dos casos, a não ser que já se conheçam muito bem desde antes. Não deve, por outro lado, alongar-se demasiado por insegurança ou receio das dificuldades econômicas.

Quando o noivado é apressado e superficial, propicia a imprevidência e o desconhecimento do parceiro, o que leva a uma decisão imatura e por isso perigosa; quando, porém, é suficientemente longo e profundo, ajuda a conhecer melhor a personalidade do outro e a ponderar as circunstâncias para decidir quando, como e onde o casamento deve ser realizado.

234. Como devem os noivos encarar a cerimônia sacramental que estão prestes a celebrar?

O matrimônio não é uma simples celebração pública, mas algo sagrado; não é um mero compromisso social, mas um compromisso assumido diante de Deus e pelo qual Deus assegura as graças necessárias.

Diz um antigo adágio cristão: *Sancta sancte tractanda*, «as coisas santas devem ser tratadas santamente». É muito triste que um casal valorize o matrimônio pela pompa com que se celebra, pela ornamentação do templo, pelas músicas executadas, pela beleza do vestido da noiva, pelo brilhantismo da homilia, pela elegância dos convidados, enfim, pelo esplendor da cerimônia. O valor do matrimônio está na presença de Cristo que une os dois esposos, na realidade única e invisível da ação da graça.

Trata-se, repetimos com São Paulo, de um *sacramento grande em Cristo e na Igreja* (Ef 5, 32), e por isso é muito recomendável que, nos dias anteriores à cerimônia, e nesse mesmo dia, os nubentes encontrem tempo para recolher-se, meditar e orar. E, além disso, para confessar-se, pois assim a graça do sacramento do Matrimônio não fica bloqueada, mas começa a correr desde o primeiro momento.

A celebração deve, pois, ser algo íntimo, simples, recolhido e santo.

235. Que representa a lua de mel e como devem comportar-se os noivos nesse período?

Podemos citar a este propósito a opinião de um experiente educador:

«A lua de mel deve ser um período caracterizado por um clima de bem-estar, boa vontade e muito amor, para o início de uma vida nova a dois, plena de harmonia. É o período em que se conseguirão condições favoráveis para a adaptação total nos três planos da vida conjugal: o psicológico, o físico e o espiritual. Essa adaptação, que se iniciou em parte durante o noivado, será agora completada. Este clima deverá reinar durante toda a vida do casal e será renovado, dia a dia, não terminando, portanto, com o retorno da habitual viagem de núpcias.

«Esses dias não deverão representar a libertação sem controle dos instintos sexuais. Os esposos inteligentes farão dela um período de educação sexual a dois. A lua de mel criará as melhores condições para aprenderem – por meio da descoberta recíproca dos corpos e dos reflexos sexuais – o comportamento adequado para a vida sexual do casal.

«Poderá realizar-se o primeiro ato conjugal no próprio dia do casamento. Nessa ocasião, principalmente o homem deve ter um comportamento digno de um ser humano. É fundamental que o marido tenha calma e paciência, para não traumatizar a sua esposa. Terá que haver delicadeza, cortesia, atenção à psicologia sexual feminina. Poderá, nessa ocasião, surgir uma impotência emotiva que é passageira, devido ao cansaço ou ao nervosismo. Aguarde-se, então, melhor oportunidade, propiciando uma melhor preparação de ambos. É preciso haver franqueza entre os dois para que um saiba como se sente o outro. Se a mulher se defronta pela primeira vez com uma situação totalmente nova, pode sentir um pudor que deve ser respeitado.

«O ato conjugal – e principalmente o primeiro – exige certas condições para se realizar plenamente, como o repouso físico e emocional, tranquilidade e intimidade absoluta. Talvez estas condições não existam na primeira noite»[96].

236. Os jovens não deveriam pensar também que, ao lado do matrimônio, existe a possibilidade de uma entrega completa a Deus através da virgindade e do celibato?

Indubitavelmente; a vida é uma opção, mas fundamentalmente uma opção de amor, e não há nada que supere em grandeza a opção pelo amor de Deus.

Em *Caminho*, São Josemaria Escrivá apresenta-a em toda a sua simples radicalidade:

«Como te rias, nobremente, quando te aconselhei a pôr teus anos moços sob a proteção de São Rafael!: para que ele te leve a um matrimônio santo, como ao jovem Tobias, com uma moça que seja boa e bonita e rica – disse-te, gracejando.

«E depois, que pensativo ficaste quando continuei a aconselhar-te que te pusesses também sob o patrocínio daquele Apóstolo adolescente, João, para o caso de o Senhor te pedir mais»[97].

Essa opção não é algo teórico. Para um jovem católico, é uma realidade viva que muitas vezes se apresenta assim: ou o matrimônio, como o de Tobias (cf. Tob 5, 8), ou a entrega total, como a de João.

É certo que o matrimônio é uma autêntica vocação, mas também o é a dedicação completa a Deus, a identificação com Cristo numa vida de celibato apostólico no meio das ocupações profissionais ou de consagração a Deus através do sacerdócio ou da vida religiosa.

237. A dignidade do matrimônio, à face da lei natural iluminada e enriquecida pela doutrina de Cristo, que fez dele um sacramento, não diminui o valor da virgindade e do celibato?

Não, muito pelo contrário. A virgindade e o celibato pelo reino de Deus, diz São João Crisóstomo, não só não contradizem como pressupõem e confirmam a dignidade do matrimônio. O matrimônio e a virgindade são os dois modos de exprimir a aliança de Deus com o seu povo.

O celibato é um dom peculiar de Deus, graças ao qual as pessoas com o coração indiviso se assemelham e aderem mais facilmente a Cristo virgem, e mais livremente conseguem dedicar-se ao serviço de Deus e dos homens[98].

Além disso, como diz João Paulo II, «a pessoa virgem, embora renuncie à fecundidade física, torna-se espiritualmente fecunda, pai e mãe de muitos, cooperando na realização da família segundo o desígnio de Deus»[99].

XII
A ascensão do sexo: a castidade

238. Quais são os mandamentos da Lei de Deus que estabelecem a ordem da função sexual ou que prescrevem a exigência da castidade?

São o sexto e nono mandamentos, que dizem: «Não cometerás adultério» e «Não desejarás a mulher do próximo».

239. Se nesses mandamentos se fala apenas em evitar o adultério e o desejo da mulher do próximo, então por que se diz que qualquer pensamento, desejo ou ação sexual fora da vida matrimonial é algo pecaminoso, contrário à virtude da castidade?

Porque cada mandamento menciona especificamente apenas um dos pecados mais graves sobre a matéria («Não matarás», «Não furtarás» etc.), e sob esse encabeçamento são agrupados todos os pecados de natureza semelhante. Assim, é pecado não só matar, como também ferir, odiar, etc.; é pecado não só furtar, como também ser corrupto, prejudicar os bens alheios, cometer fraude, etc. «Do mesmo modo, é pecado não só cometer adultério – a relação carnal quando um ou os dois participantes são casados com terceiros –, como também cometer fornicação – a relação carnal entre duas pessoas solteiras. É pecado praticar qualquer ação deliberada, como tocar-se a si mesmo ou tocar outra pessoa, com o propósito de despertar o apetite sexual fora da relação conjugal. É pecado não só desejar a mulher do próximo, como também alimentar pensamentos ou desejos desonestos sobre qualquer pessoa»[100].

240. Que significado tem, pois, a castidade?

Pode definir-se a castidade como a virtude que inclina a *submeter prontamente e com alegria o uso da faculdade sexual aos ditames da razão iluminada pela fé.*

É preciso insistir em que a castidade não é repressão, mas virtude que canaliza e conduz o amor, como as artérias conduzem o sangue ao coração. Neste sentido, Santo Agostinho diz que a castidade é um «amor ordenado que não subordina o maior ao menor»[101].

Também o novo Catecismo da Igreja Católica fala desta virtude em termos extremamente positivos:

«A castidade comporta uma aprendizagem do domínio de si, que é uma pedagogia da liberdade humana. A alternativa é clara: ou o homem comanda as suas paixões e obtém a paz, ou se deixa subjugar por elas e se torna infeliz.

«O domínio de si mesmo é um trabalho a longo prazo. Nunca deve ser considerado definitivamente adquirido.

Supõe um esforço a ser retomado em todas as idades da vida. O esforço necessário pode ser mais intenso em certas épocas, por exemplo, quando se forma a personalidade, durante a infância e a adolescência» (n. 2312).

E prossegue: «O domínio de si mesmo está ordenado para a autodoação», isto é, para a caridade e o amor. «A castidade leva aquele que a pratica a tornar-se para o próximo uma testemunha da fidelidade e da ternura de Deus» (n. 2346).

241. Que sentido tem, pois, a castidade?

A castidade tem por finalidade regular e canalizar o instinto sexual, de acordo com a vocação peculiar de cada um: dos solteiros, dos casados, dos voluntariamente celibatários, etc.

Usou-se propositadamente a palavra «regular» (agir segundo uma regra) porque a castidade não tem por objetivo suprimir ou anular nada especificamente humano. A vida cristã eleva e dignifica a natureza, não a anula; por isso afirma São Tomás que a apatia e insensibilidade sexual é uma anomalia contrária à natureza[102]. Vive a castidade não aquele que não tem capacidade sexual, mas aquele que a regula.

Faz sentido, pois, usar a palavra *pureza* como sinônimo de castidade: porque ela purifica, sublima e enaltece o sexo.

242. Por que se disse, ao definir a castidade, que ela inclina a «disciplinar com alegria» o uso da faculdade sexual? Que significa essa palavra «alegria»? Por acaso a castidade não é uma virtude árdua e custosa?

Utiliza-se essa palavra porque a vontade humana pode regular as paixões de duas maneiras: ou por uma atitude passiva e resignada, de quem pensa que «é uma pena que a Igreja condene o sexo», o que, além de falso, só causa tristeza e sofrimento; ou levando a vontade a aderir e a participar ativamente do esforço de autodomínio, o que causa alegria porque há a convicção de que esse sacrifício vale a pena e redundará num bem maior. Este é o modo específico de agir próprio de todas as virtudes: *a virtude é alegre.*

Desta forma, toda a personalidade – o sexo, a afetividade, a inteligência e a vontade – está integrada e ordenada para um fim superior, e daí brotam o equilíbrio e a harmonia jubilosa, no meio da luta e das dificuldades.

Compreende-se assim que a castidade não seja simplesmente continência ou abstenção, mas – em palavras de São Josemaria Escrivá – uma «afirmação gozosa»[103], «afirmação decidida de uma vontade enamorada [...], virtude que mantém a juventude do amor em qualquer estado de vida»[104].

243. Pode-se explicar melhor a ideia de que a castidade é uma «afirmação gozosa»? Não se diz com frequência que é exatamente o contrário: repressão, recalque?

O domínio do sexo não é recalque; é libertação. A pureza – dizíamos em outro momento – não se levanta diante do rio da nossa afetividade como um imenso dique de contenção. Apresenta-se antes como as margens que canalizam e conduzem as águas para o mar. As margens dizem «não» aos desvios, aos córregos laterais, que terminam no pântano da ineficácia e da podridão. Mas dizem «sim» ao leito por onde as águas límpidas cantam correndo para o mar onde se dilatam. Assim a castidade: diz «não» ao descontrole sexual, ao prazer que se torna grilhão que escraviza, à paixão irracional, ao pântano onde o sentimento apodrece, atacado pelas bactérias da sensualidade; mas diz «sim» ao amor transparente, que espelha a profunda harmonia da natureza humana, que preserva e prepara os corações para a felicidade de um lar bem constituído e fecundo em filhos, e que desemboca no mar infinito do Amor de Deus.

244. Que representa, neste sentido, o amor de Deus?

Algo de grandioso. Os homens e as mulheres não podem suspeitar do verdadeiro significado do amor enquanto não experimentarem o amor de Deus. Deus não é uma «energia», uma «força cósmica»; é um Ser pessoal que se define pelo amor: *Deus é Amor!* (1 Jo 4, 16). Todos os amores saíram de Deus e em Deus se encontram elevados a um grau infinito: o amor do namorado pela namorada, o amor da noiva pelo noivo, o amor indissolúvel dos cônjuges, o amor da mãe pelo filho, do poeta pela natureza, do pesquisador pelo fruto dos seus esforços... Todos esses amores são como que pequenas faíscas saídas da incomensurável e ardentíssima fogueira do amor de Deus.

Mergulhar nessa fogueira, ir ganhando intimidade com Deus, é estabelecer o alicerce dos amores humanos e compreender por fim que cada uma dessas centelhas tem a sua origem numa renúncia que não é renúncia, como não é renúncia a do rio que se nega a correr para o pântano ou a do marido que se recusa à mulher que não é a sua esposa: são sobrevivência, vida.

Quando um homem experimenta no seu coração a infinita formosura de Deus, pode cantar como Davi: *O meu coração e a minha carne exultam no Deus vivo* (Sl 83, 3). E nessa exaltação encontrará luzes claras e apoio para compreender finalmente o amor humano.

245. Que pensa a este respeito a ciência psiquiátrica?

A autêntica ciência psiquiátrica moderna endossa plenamente esses ensinamentos. Baruk, por exemplo, relata uma série impressionante de casos que revelam com toda a evidência que «os indivíduos caem na psicose e na agressividade por terem cedido muito facilmente aos seus desejos, recalcando as exigências da consciência moral»[105].

A propósito, parecem-nos expressivas as palavras que o grande romancista italiano Vitaliano Brancati põe na boca de *Paolo il caldo*, que não se podia chamar exatamente um «carola»: «Você, que me aconselha a ir aos médicos psicanalistas, diga aos seus amigos que nada dá tanta felicidade como a abstinência. Os seus médicos psicanalistas têm sempre procurado saber se eu teria reprimido qualquer impulso sexual. Oh não, garanto-lhe! Não recalquei nenhum impulso desse gênero! Pelo contrário, sabe que coisa arranquei, que coisa expulsei da consciência e lancei na cloaca de mim próprio? O pudor, a castidade, um mandamento do Evangelho! Sabe o que eu calquei aos pés e reduzi ao silêncio? Jesus Cristo em pessoa»[106].

246. Que conclusão se pode tirar desta sequência de ideias?

A conclusão a tirar é que o problema consiste em escolher o verdadeiro amor e lutar por ser fiel a esse amor. A dificuldade em viver a pureza é um problema indireto, de substituição: um problema de falta de amor. A pureza não significa, portanto, *não fazer*, mas *amar*, não se trata de negar, mas de afirmar; não se trata de abafar, mas de elevar.

Quando um grande amor nos chama às alturas – e o amor conjugal é um dos mais nobres –, todos os impulsos físicos se transformam no momento oportuno em energia magnificamente fecunda. É por isso que a pureza é uma conquista e uma verdadeira vitória, como a meta o é para o atleta e o cume para o alpinista. E é por isso igualmente que ninguém pode chamar antinatural tanto à renúncia do atleta para se manter em forma como à do jovem para viver a sua pureza.

247. De que formas se reveste a castidade?

Podem-se indicar as seguintes:

1º a castidade própria dos solteiros e viúvos, que devem abster-se da fornicação, do adultério, da masturbação, etc.;

2º a castidade dos que assumiram o compromisso do celibato e que devem observar de coração alegre a perfeita continência de corpo e espírito;

3º a castidade conjugal que regula a faculdade generativa dentro do matrimônio e que deve evitar as relações conjugais contrárias à natureza ou aquelas em que se usem meios antinaturais de controle da natalidade, os excessos sexuais, a infidelidade e o adultério.

O novo Catecismo expressa-se a este respeito do seguinte modo: «"A castidade há de distinguir as pessoas de acordo com os seus diferentes estados de vida: umas na virgindade ou no celibato consagrado, maneira eminente de se dedicar mais facilmente a Deus com um coração não dividido; outras, da maneira como a lei moral determina, conforme forem casados ou celibatários" (cf. CDF, Decl. *Persona humana*, 11). As pessoas casadas são convidadas a viver a castidade conjugal; os outros praticam a castidade na continência» (n. 2349).

248. Podem-se resumir os valores da castidade em qualquer estado de vida?

São muitos os valores da castidade em qualquer estado de vida. Podemos enumerar alguns:

1º A castidade – que não é uma virtude «angélica», porque os homens têm corpo e não podem comportar-se como «anjos» – é um requisito indispensável para se conseguir vislumbrar a Deus e progredir na sua amizade e intimidade. Cristo disse no Sermão da Montanha: *Bem-aventurados os limpos de coração porque verão a Deus* (Mt 5, 8).

2º A castidade evita os vícios criados pela luxúria: «a cegueira de espírito, a inconsideração, a precipitação, a inconstância, o egoísmo, o ódio a Deus, o apego a este mundo, o desgosto pelo mundo futuro»[107], a preguiça, o desleixo, o tédio, a tristeza, a falta de força de vontade e de caráter...

3º A castidade faz crescer a alegria, o otimismo e a força de vontade para se viver dignamente a própria vocação e cumprir os deveres do estado de cada um.

4º A castidade ajuda a respeitar a dignidade do ser humano, não o considerando como um objeto de prazer, e faz compreender que a relação sexual é uma forma de entrega à pessoa que se ama e um veículo para a nobre função procriativa.

249. É possível viver a continência?

Perfeitamente. Podemos vê-lo de dois ângulos distintos:

1º Com relação aos fatores *instintivos e corporais.* Os hormônios sexuais não condicionam a nossa vontade. Como já vimos em outro lugar, quando não se realiza habitualmente nenhuma atividade sexual, as secreções das glândulas sexuais são em parte reabsorvidas pelo organismo e em parte expulsas espontaneamente durante o sono, de tal forma que não se dá lugar a nenhuma alteração do equilíbrio orgânico.

2º Com relação aos fatores *afetivos e psicológicos*. A abstinência não provoca absolutamente nenhuma neurose ou estado doentio proveniente da ausência de amor físico. Aliás, o exercício da sexualidade realizado de modo egocêntrico, puramente fisiológico, não só não remedeia um possível recalque, mas o piora. Qualquer médico que afirme o contrário fá-lo sem ciência e sem consciência.

Quando o que se chama castidade é uma abstinência forçada, então sim pode provocar desequilíbrios psíquicos, mas nesse caso não se pode falar de castidade no sentido próprio da palavra, mas de repressão.

250. E no caso da juventude? Não é ela a «idade de ouro» do amor? Se deixa passar o tempo da primeira juventude sem ter relações sexuais, não perderá o jovem a melhor oportunidade de fruir do amor, precisamente quando ele é mais apaixonado e vigoroso?

Essa oportunidade não se perderá porque o amor vai amadurecendo com a passagem dos anos. Não se pode dizer que o período posterior à adolescência seja a época mais vigorosa em termos sexuais. Gregório Marañón, médico endocrinologista de renome mundial, oferece-nos neste ponto a sua palavra abalizada:

«Diz-se que a juventude é a idade do amor; mas essa verdade refere-se exclusivamente aos componentes imaginativos e sentimentais da paixão amorosa, e de modo algum ao elemento orgânico da mesma, a aptidão para o amor físico, que é ainda limitada.

«Não quereria perder a ocasião de dizer uma vez mais aos jovens [...], aos homens – e às mulheres que formarão os homens de amanhã – que a plena virilidade sobrevém no homem passada a mocidade. Portanto, o uso precoce dessa função [...] é tão absurdo como o seria exigir às espigas o grão dourado no início da primavera, quando os campos ainda estão verdes.

«Este equívoco funesto amargurou já a vida de inúmeros jovens que se julgavam ineptos para a vida do amor e, portanto, irremediavelmente inferiores e desgraçados simplesmente por ninguém lhes ter dito que as leis da natureza não podem ser antecipadas, muito embora digam outra coisa os manuais de erotismo comprados clandestinamente ou o amigo "faroleiro" que conta proezas difíceis de comprovar. Nos consultórios médicos, desfilam diariamente esses casos de desespero de origem sexual...»[108]

251. Falou-se antes de *castidade conjugal*. Como se deve entender essa expressão?

A *castidade conjugal* também não é repressão, mas verdadeiro modo, humano e profundo, de amar o cônjuge. Consiste, portanto, em os esposos se comportarem mutuamente de acordo com as leis naturais e os desígnios de Deus. Esta castidade comporta alguns aspectos, como os seguintes:

1º abster-se das desvirtuações do amor e dos abusos sexuais, como seriam o sexo anal e o coito interrompido;

2º moderar equilibradamente o uso do instinto sexual como se modera, por exemplo, o instinto alimentar;

3º respeitar as leis da vida sem separar a relação conjugal do seu caráter naturalmente fecundo, isto é, evitar os meios antinaturais para o controle da natalidade;

4º viver a fidelidade conjugal a qualquer preço;

5º renovar constantemente o amor mútuo, que é o que dá verdadeiro sentido à castidade matrimonial e à fidelidade.

252. Especificando melhor: que atitudes e comportamentos são moralmente lícitos e quais os ilícitos? É certo o que algumas pessoas dizem: «Dentro do quarto do casal, tudo é lícito»?

Os tratados clássicos de moral dizem que são lícitos os atos – beijos, abraços, carícias, etc. – dirigidos a preparar a consumação do ato conjugal da maneira como ensinam as leis da natureza, isto é, uma relação que, por si, seria capaz de provocar a fecundação do óvulo, ainda que, na realidade, por múltiplas razões, não a provoque. Esses atos são já uma preparação, um prelúdio da relação conjugal, e os cônjuges não se devem intranquilizar analisando a conotação moral de cada um deles, mas analisá-los no seu conjunto, como complementação do ato conjugal.

Não se devem considerar lícitos, porém, os atos que procuram uma satisfação sexual completa – o orgasmo propriamente dito – sem haver a intenção de realizar a relação conjugal de acordo com as leis da natureza. Trata-se de modos anormais de relação (sexo anal, sexo oral, etc.) que nunca poderão chegar a unir o espermatozoide com o óvulo, frustrando, assim, o mecanismo natural do ato conjugal.

Isto não significa, como acabamos de dizer, que cada relação tenha de ser fecunda em si mesma. São perfeitamente lícitas as relações que se mantêm quando existe uma esterilidade natural, ou nos períodos em que naturalmente não é possível a fecundação, ou depois de uma operação em que, por exigência clínica, se extirpam os órgãos necessários à procriação, ou após a menopausa, etc.

Para que a matéria fique um pouco mais perfilada, acrescentamos alguns subsídios esclarecedores:

> **1º** Quando se tem a intenção de realizar a união sexual como é devido, são moralmente bons todos os atos que a preparam, acompanham ou complementam, sempre que não deixem de o ser por outra razão ou circunstância. Assim, pois, os pensamentos e imaginações, os olhares e contatos que servem como meio para a realização da cópula (o chamado «jogo do amor») são lícitos e moralmente bons para os cônjuges.
>
> **2º** Quando não existe a intenção e a possibilidade de consumar devidamente a união, são lícitos os atos incompletos praticados sem perigo próximo de polução (ou derrame de esperma), por exemplo, para manifestar o amor recíproco. Também são lícitos os pensamentos e desejos referentes a atos *lícitos* passados ou futuros. A única coisa que se deve evitar em todo o ato incompleto é o perigo próximo de polução sem relação conjugal, tão ilícito para os casados como o é para os solteiros.

253. Que qualificação moral têm os pecados contra a castidade? Que pecados contra esta virtude são leves e que pecados são graves?

Diz-se habitualmente, quanto aos mandamentos em geral, que pode haver pecado venial quando a matéria é leve, e mortal quando é grave. Diz-se, por exemplo, que houve pecado venial quando se furtou uma pequena quantia, e mortal quando a quantia foi grande. Mas não se pode dizer o mesmo no que tange aos pecados contra a castidade. Vejamos, com palavras de Leo Trese, o que se quer dizer com isso:

«A castidade – a pureza – é definida como a virtude moral que regula retamente toda a expressão voluntária do prazer sexual dentro do casamento e a exclui totalmente fora do estado matrimonial. Os pecados contra esta virtude diferem dos que atentam contra a maioria das demais virtudes num ponto muito importante: os pensamentos, palavras e ações, se forem plenamente deliberados, são sempre pecado mortal [...]. Uma pessoa pode ser ligeiramente intemperante, insincera ou desonesta, mas ninguém pode cometer um pecado leve contra a castidade se houver pleno consentimento. Tanto nos pensamentos como nas palavras ou ações, não existe "matéria leve" quanto a esta virtude»[109].

254. Mas por que razão a moral cristã trata esta matéria com tanta severidade?

«A razão é muito clara – continua o mesmo autor –. O poder de procriar é o mais sagrado dos dons físicos do homem, o que mais diretamente se liga a Deus. Este caráter sagrado faz com que a sua transgressão tenha maior malícia. Se a isso acrescentarmos que o ato sexual é a fonte da vida humana, compreenderemos que, se se envenena a fonte, envenena-se a humanidade. Este é o motivo por que Deus rodeou o ato sexual de uma muralha alta e sólida, com cartazes bem visíveis para todos: "Proibida a passagem!" Deus empenha-se em que o seu plano para a criação de novas vidas humanas não lhe seja tirado das mãos e se degrade ao nível de instrumento de prazer e de excitação perversa. A única ocasião em que um pecado contra a castidade pode ser venial é quando falta plena deliberação ou consentimento»[110].

255. Que significa o pudor?

O pudor significa guardar e possuir a própria intimidade em relação a si e aos outros. "Significa – diz Enrique Rojas – ter delicadeza consigo mesmo e com os demais, defender a própria intimidade física ao vestir-se e despir-se, saber manter reservada uma parte do nosso corpo e da nossa psicologia, já que possuem tão alto valor [...]. O pudor é uma inclinação natural que leva a defender "o mais meu da minha pessoa"; ensina-nos a selecionar o que expomos de nós perante os outros [...]. É como que a prudência da nossa intimidade.

«Falar de pudor soa a questão fora de moda, estranha numa sociedade que faz gala de a ter superado. O homem atual não tem intimidade. Perdeu-a. E isso é grave porque significa que tudo o que é dele se tornou público [...].

«Insistimos, pois, na importância de cultivar o pudor. É uma forma de ir fomentando a ideia de que a própria pessoa deve ser mais dona de si, possuir-se verdadeiramente. O pudor nunca é repressivo; antes pelo contrário, prepara melhor a intimidade, com mais cuidado, para dignificá-la e entregá-la a um amor autêntico. O corpo não é algo que se entregue ao primeiro que chega ou que se exiba perante todo o mundo... Isso desvaloriza a pessoa. Neste campo, é preciso ir contra a moda, que massifica e desumaniza, provoca – segundo Barraclough – uma grave ausência de valores espirituais, e, com o tempo, leva a uma saturação erótico-sexual que culmina numa mistura de tédio, apatia e desleixo a qual, evidentemente, não engrandece o ser humano, mas o rebaixa de nível»[111].

O novo Catecismo diz:

«A pureza exige o pudor, que é uma parte integrante da temperança e preserva a intimidade da pessoa. Consiste na recusa de revelar aquilo que deve ficar escondido. Está ordenado para a castidade, exprimindo a sua delicadeza. Orienta os olhares e os gestos em conformidade com a dignidade das pessoas e da sua união» (n. 2521).

«O pudor protege o mistério das pessoas e do seu amor. Convida à paciência e à moderação na relação amorosa; pede que sejam cumpridas as condições da doação e compromisso definitivo do homem e da mulher entre si. O pudor é modéstia. Inspira o modo de vestir. Mantém o silêncio ou uma certa reserva quando se entrevê o risco de uma curiosidade malsã. Torna-se discrição» (n. 2522).

256. Que consequências podemos tirar dessas afirmações?

Evidentemente, que a moça ou mulher que não se respeita a si própria, que leva à vista de todos o que é elemento necessário da sua dignidade, não pode queixar-se de que não seja respeitada. Sem dúvida, ninguém encontra joias jogadas na rua como paralelepípedos: as joias guardam-se cuidadosamente num estojo, ou, se for o caso, num bom cofre, numa caixa-forte. Quando a mulher não respeita a sua própria intimidade, não é de estranhar que não a valorizem, como ninguém valoriza os paralelepípedos da rua.

257. Mas o conceito do pudor não será consequência de um tipo de cultura já ultrapassada ou reminiscência descartável de princípios morais rígidos circunscritos a determinadas regiões ou etnias?

Para responder a esta pergunta, recorremos ao psicoterapeuta Georg Siegmund:

«Apesar de que o pudor pode criar diferentes formas de expressão, de acordo com as variadas condições das terras, dos povos e do clima, contudo as investigações etnológicas puderam comprovar que se trata de um fenômeno universal, que também se encontra lá onde os homens permanecem nus. Neste último caso, o pudor sexual não está ausente, de maneira nenhuma; também aí a desvergonha é condenada. Um despudorado é considerado um homem "caído", que é desprezado»[112].

O novo Catecismo da Igreja Católica diz:

«As formas revestidas pelo pudor variam de uma cultura para outra. Em toda a parte, porém, ele permanece como pressentimento de uma dignidade espiritual própria do homem; nasce pelo despertar da consciência do sujeito» (n. 2524).

258. Como comportar-se então perante certas modas que em outras épocas se consideravam «indecentes» e hoje se consideram elegantes?

Podemos responder também com palavras alheias, desta vez de Ada Simoncini: «Pode uma mãe – ou um pai, naturalmente – admitir que as filhas não conheçam as consequências de certas roupas, comportamentos ou gestos? Sendo mais claros, pode-se permitir que as filhas vistam certas minissaias e biquínis? Outros detalhes devem ser estudados caso por caso. Com certeza, abre-se aqui um imenso panorama à prática de uma daquelas obras de misericórdia que aparecem nos bons Catecismos de doutrina cristã: "Vestir os nus". Na verdade, a nossa sociedade deveria ser mais misericordiosa, começando pelos seus representantes mais à vista. [...]

«A realidade é que o pudor não está em conflito com a elegância, antes é exigido por ela. Por pouco que se reflita, concluir-se-á que não existe elegância onde falta o pudor. Mais precisamente, o pudor é a afirmação da supremacia do espírito, é a exaltação da personalidade humana»[113].

259. O pudor deve ser vivido também dentro das relações conjugais?

Voltemos ao especialista Georg Siegmund: «Mesmo no matrimônio, existe o perigo de que o cônjuge não seja procurado por amor e de que a união sexual com ele não constitua a meta e o fim de uma ação amorosa. Então, o superexcitado desejo passional impele a uma atividade arbitrária, na qual os deveres matrimoniais podem ser deturpados, a fim de encobrirem a satisfação da libido desenfreada. Precisamente nesses casos, um dos cônjuges, sobretudo a mulher, pode sentir-se degradado como ser humano. A curiosidade sexual, dirigida aos pequenos detalhes, e que arranca os aspectos parciais do contexto da doação total, provoca a repulsa da vontade do outro cônjuge de se entregar, lança-o num estado de profunda vergonha, em que o prazer se encontra facilmente misturado com o nojo. A violação cínica do pudor na própria noite das núpcias, em vez de levar o cônjuge a uma abertura para a doação, pode conduzi-lo a uma situação de tensão, à frigidez, à rejeição e até ao nojo por qualquer relação sexual. O pudor, como necessidade individual de autodefesa, tem também o seu lugar no matrimônio e deve ser conservado, se se quer que a união seja realmente "feliz" e "geradora de felicidade"»[114].

260. Que conselhos práticos se podem sugerir para se viver bem a pureza?

Para se viver bem a pureza, é preciso ter em conta, em primeiro lugar, que existe na pessoa humana uma perfeita unidade psicossomática: o que afeta o corpo atinge também a alma, e vice-versa. O que está nos pensamentos, na memória, na imaginação, nos sentimentos, passa para as glândulas, provoca os hormônios, excita o corpo. E, em sentido inverso, os excessos na bebida, na comida, no descanso, não se detêm no corpo, mas passam para o espírito. Daí que seja tão importante a disciplina tanto do corpo como da alma.

A título de exemplo, sugerimos algumas ideias que podem ser tomadas em consideração:

1º meios relativos aos sentidos externos, corporais:

* dormir somente o necessário, tendo uma hora certa para deitar-se e levantar-se nos dias de aulas ou de trabalho, bem como – na medida do possível – nos fins de semana, feriados e férias;

* levantar-se aos primeiros toques do despertador;

* não se deitar durante o dia;

* comer e beber apenas o preciso ou conveniente, evitando a gula;

* não comer nem beber fora das refeições;

* disciplinar a vista na televisão, na rua, nas bancas de jornais, na praia, etc.;

* tratar o corpo com rijeza, sem dar motivo a que nos conheçam como «fofinhos» ou «almofadinhas»: evitar o excessivo conforto no sentar-se, não estudar na cama, não ser caprichoso à mesa, adiar um copo de água no verão, tomar chuveiro frio, etc.;

* informar-se devidamente ou pedir conselho sobre autores que se desconhecem, filmes e peças de teatro;

* esmerar-se nos pormenores de pudor;

* cortar decididamente todas as conversas impróprias, músicas de letra grosseira, programas de televisão ordinários;

* selecionar as amizades, cultivando-as com colegas de olhar limpo, de atitudes nobres, leais, trabalhadores, alegres e bem-humorados;

* praticar habitualmente algum exercício ou esporte que gaste as energias físicas de forma agradável e sadia.

2º meios relativos aos sentidos internos, de modo a fortalecer a vontade:

* prevenir-se contra a preguiça, tendo o tempo todo ocupado, trabalhando ou estudando com ordem e intensamente;

* não deixar divagar a imaginação – a «louca da casa» – dominando-a e orientando-a para fins úteis;

* nunca queixar-se;

* tratar com amabilidade os colegas antipáticos;

* não adiar os deveres enfadonhos;

* procurar adquirir uma virtude que não se tem ou corrigir o defeito que mais pode incomodar os outros;

* sorrir sempre.

3º meios espirituais:

* rezar diariamente as orações costumeiras, ao levantar e ao deitar-se;

* adquirir o hábito da meditação ou oração mental;

* cultivar os atos de presença de Deus – breves orações jaculatórias ou mesmo simples elevações do coração – durante as horas de estudo e trabalho, na rua, nas conversas e no descanso;

* confessar-se com frequência;

* conversar regularmente com um sacerdote de bom critério que possa orientar-nos espiritualmente e aconselhar-nos nas nossas dificuldades;

* comungar sempre que possível, não só aos domingos;

* fomentar uma terna devoção por Nossa Senhora.

Em resumo, *orar*, *aconselhar-se*, *frequentar os sacramentos* e *confiar na graça divina.* O novo Catecismo (n. 2520), após advertir que «o batizado deve continuar a lutar contra a concupiscência da carne e as cobiças desordenadas» mesmo depois de ter recebido o Batismo, conclui com uma citação de Santo Agostinho:

«Eu julgava que a continência dependia das minhas próprias forças, que eu não conhecia em mim. E era tão insensato que não sabia que ninguém pode ser continente, se Vós não lho concedeis. E sem dúvida mo teríeis concedido, se com os meus gemidos interiores Vos tivesse ferido os ouvidos e, com fé firme, tivesse deposto em Vós os meus cuidados»[115].

261. Como é que, na luta por viver a castidade em qualquer estado de vida, estão relacionados esses meios humanos e espirituais?

Devem ser empregados simultaneamente, já que, num cristão, a natureza pouco pode – e mais dificilmente – sem o concurso da graça divina, e, por sua vez, a graça não dispensa nem substitui o esforço humano. O humano, que vem da natureza, e o divino, que provém da graça, entrelaçam-se e completam-se: a graça fortifica, eleva e sublima a natureza; e esta é chamada a colaborar com o poder purificador e fortalecedor da graça. É um privilégio exclusivo do ser humano que a vida sexual, que deriva da natureza, possa impregnar-se do amor de Deus, que deriva da graça. E é assim que se torna possível ao cristão viver de modo estável e gozoso a virtude da castidade.

262. De maneira específica, como atua a graça de Deus nesse sentido?

Atua principalmente através da oração e dos sacramentos.

263. De que modo a vida de oração fortalece a luta pela castidade?

A vida de oração cria uma profunda intimidade com Deus e, por conseguinte, eleva o mundo afetivo e sensitivo do homem às alturas que correspondem a um filho de Deus. Ao satisfazer uma necessidade essencial do ser humano – o seu senso religioso –, a carne aquieta-se e o coração exulta.

Se os puros de coração são bem-aventurados porque verão a Deus, também quem se esforça por estar o mais possível na presença de Deus pode ter a certeza de que conseguirá ser eficaz no seu esforço por adquirir a pureza de corpo e alma.

264. Que efeitos produz o sacramento da Penitência?

Na luta por viver a castidade em qualquer estado de vida, não se pode esquecer que é próprio da fragilidade humana ter derrotas e quedas. Mas, como é bem sabido, o importante não é não cair, mas levantar-se sempre. E é isso o que se consegue quando, após uma queda, se procura receber o mais depressa possível o sacramento da confissão. Deus perdoa de cada vez e dá o brio e as forças necessárias para recomeçar.

Mas essa graça própria do sacramento tem também uma eficácia preventiva, que se faz sentir mesmo que não tenha havido nenhuma queda. Um período de fortes convites à infidelidade ou de inclinação mais ou menos violenta para a rebeldia do corpo encontrará na confissão frequente um remanso de graça e de paz que fechará as brechas do coração e neutralizará os impulsos físicos, impedindo a derrota.

Por último, quem se acostuma a confessar-se conta com uma ajuda humana muito importante. Pode haver nos porões da alma algo de mórbido, de depressivo – recalques, complexos, sentimentos de culpa – que encontram na confissão o necessário desaguadouro. Há uma lei que paira por cima de toda a psicologia humana: nada se supera, se não se reconhece e se manifesta. A confissão sacramental nada tem a ver com a psicanálise; é outra coisa. Mas isto não quer dizer que a abertura, a confidência sincera, o «desabafo» que ela traz consigo não atue também de forma terapêutica. Muita gente encontrou na confissão frequente um alívio humano e um conselho espiritual muito eficaz para vencer os seus problemas de castidade.

265. Como opera particularmente o sacramento da Eucaristia?

A Eucaristia é o sacramento pelo qual recebemos o próprio Cristo, o amor infinito de Deus encarnado. Corre então pelas nossas veias, por assim dizer, o Sangue de Cristo, e o nosso corpo nutre-se e é fortificado pelo Corpo de Cristo. Não pode haver maior garantia de que todo o nosso ser, com todos os seus pensamentos, afetos, emoções e sensações físicas, se abrirá para o Amor que está na base de todos os amores e que os purifica, enaltece e dilata.

266. Que papel representa, neste sentido, o sacramento do Matrimônio?

A graça do sacramento do Matrimônio ajuda os esposos *a santificar-se através da sua vida conjugal*. Diz-nos o novo Catecismo: «O consentimento pelo qual os esposos se entregam e se acolhem mutuamente é selado pelo próprio Deus (cf. Mc 10, 9). [...] A aliança dos esposos é integrada na aliança de Deus com os homens: "O autêntico amor conjugal é assumido no amor divino" (*GS* 48, 2)» (n. 1639).

«"Em seu estado de vida e função, [os esposos cristãos] têm um dom especial dentro do povo de Deus" (*LG* 11). Esta graça própria do sacramento do Matrimônio destina-se a aperfeiçoar o amor dos cônjuges, a fortificar a sua unidade indissolúvel. Por esta graça, "eles se ajudam mutuamente a santificar-se na vida conjugal, como também na aceitação e educação dos filhos" (*LG* 11; cf. *LG* 41)» (n. 1641).

A graça própria desse sacramento contribui, portanto, para:

1º viver o relacionamento conjugal de acordo com os ensinamentos da Igreja, isto é, como uma *imagem da união de Cristo com a sua Igreja*;

2º superar o egoísmo pessoal que impede o desenvolvimento do amor, ajudando os cônjuges a ultrapassar os defeitos pessoais e a amar o outro como ele é, com as suas limitações e erros;

3º viver delicadamente a fidelidade conjugal, evitando tudo o que possa representar um desvio afetivo ou sexual extraconjugal;

4º receber generosamente os filhos que Deus queira dar-lhes, como cooperadores que são da obra da Criação;

5º dar ao relacionamento sexual uma profundidade e uma elevação espiritual que signifiquem realmente um meio eficaz de santificação pessoal.

267. Que significa a expressão: «o matrimônio cristão é imagem da união de Cristo com a sua Igreja»?

Na Epístola aos Efésios, São Paulo responde-nos a esta pergunta: *Maridos, amai as vossas mulheres como também Cristo amou a Igreja e por ela se entregou a si mesmo, para santificá-la, purificando-a no batismo da água acompanhado pela palavra da vida; porque desejava apresentar esta Igreja gloriosa, sem mácula nem ruga ou coisa semelhante, mas santa e imaculada* (Ef 5, 25-27).

E comenta André Léonard, bispo de Namur: «Cristo amou e ama a Igreja como uma pessoa ama outra pessoa, como um homem ama uma mulher. Entregou-se por Ela na Cruz e, ao longo da história, purifica-a e santifica-a pela água do Batismo. Cada vez que se pronunciam sobre um novo filho de Deus as palavras rituais: "Eu te batizo em nome do Pai, do Filho e do Espírito Santo", o Senhor arranca mais uma criatura ao poder do maligno e incorpora-a nessa Esposa que Ele deseja santa e imaculada, verdadeira depositária do seu amor.

«É no âmbito deste amor de Cristo pela sua Esposa, é no marco desta aliança conjugal entre Cristo e cada um dos que formamos a Igreja, que os cristãos devem situar todo o alcance do amor entre homem e mulher e compreender igualmente o sentido profundo da sexualidade. Assim, São Paulo, aludindo à misteriosa grandeza do amor humano, especifica umas linhas mais adiante a passagem da Epístola aos Efésios que citamos acima: *Este mistério é grande; quero dizer que se aplica a Cristo e à Igreja* (Ef 5, 32).

«Não, não é por acaso que Cristo, Filho de Deus vindo a este mundo, é um Homem, ao passo que a Igreja é essencialmente feminina (é Noiva, Esposa, Mãe) e resume-se toda numa mulher: Maria! Não foi por caso que, na origem, Deus criou a humanidade *homem e mulher*. Tudo isto significa que o amor conjugal está inscrito no próprio centro do projeto do Criador e que a união conjugal entre homem e mulher é indissociável do maior ato de amor da história, do amor de Cristo que derrama o seu sangue na Cruz para a salvação da humanidade. Que perspectivas!»[116]

268. Em resumo, que diz a Igreja a respeito do Matrimônio cristão?

O Catecismo afirma: «A Sagrada Escritura abre-se com a criação do homem e da mulher à imagem e semelhança de Deus (cf. Gen 1, 26-27) e fecha-se com as "núpcias do Cordeiro" (Apoc 19, 7.9). De um extremo a outro, a Escritura fala do casamento e do seu "mistério", da sua instituição e do sentido que lhe foi dado por Deus, da sua origem e do seu fim, das suas diversas realizações ao longo da história da Salvação, das suas dificuldades provenientes do pecado e da sua renovação "no Senhor" (1 Cor 7, 39), na nova aliança de Cristo e da Igreja (cf. Ef 5, 31-32)» (n. 1602).

«Como Jesus veio restabelecer a ordem inicial da Criação perturbada pelo pecado, Ele mesmo dá a força e a graça para se viver o casamento na nova dimensão do Reino de Deus. É seguindo Cristo, renunciando a si mesmos e tomando cada um a sua cruz (cf. Mc 8, 34) que os esposos poderão "compreender" (cf. Mt 19, 11) o sentido original do casamento e vivê-lo com a ajuda de Cristo. Esta graça do matrimônio cristão é um fruto da Cruz de Cristo, fonte de toda a vida cristã» (n. 1615).

«*Cristo é a fonte desta graça.* "Como outrora Deus tomou a iniciativa do pacto de amor e fidelidade com o seu povo, assim agora o Salvador e Esposo da Igreja vem ao encontro dos cônjuges cristãos pelo sacramento do Matrimônio" (*GS* 48, 2). Permanece com eles, concede-lhes a força de segui-lo levando a sua cruz e de levantar-se depois da queda, de perdoar-se mutuamente, de carregarem o fardo um do outro (cf. Gal 6, 2), de "submeterem-se um ao outro no temor de Cristo" (Ef 5, 21) e de se amarem com um amor sobrenatural, delicado e fecundo. Nas alegrias do seu amor e da sua vida familiar, Ele lhes dá, aqui na terra, um antegozo do banquete de núpcias do Cordeiro:

«"De onde tirarei forças para descrever satisfatoriamente a felicidade do matrimônio administrado pela Igreja, confirmado pela doação mútua, selado pela bênção? Os anjos o proclamam, o Pai celeste o ratifica [...]. O casal ideal não é o de dois cristãos, unidos por uma única esperança, um único desejo, uma única disciplina, um mesmo serviço? Ambos filhos do mesmo Pai, servos de um mesmo Senhor. Nada pode separá-los, nem no espírito nem na carne; ao contrário, são verdadeiramente dois numa só carne. E onde a carne é uma só, um é também o espírito" (Tertuliano, *Ad uxorem*, 2, 9; cf. *FC* 13)» (n. 1642).

269. Quer dizer que o matrimônio é também um caminho de santidade?

Sem dúvida. Como vimos ao longo de todo este livro, o matrimônio é um sacramento, um ideal e uma vocação. A este propósito, diz São Josemaria Escrivá: «Há quase quarenta anos que venho pregando o sentido vocacional do matrimônio. Que olhos cheios de luz vi mais de uma vez quando – julgando eles e elas incompatíveis na sua vida a entrega a Deus e um amor humano nobre e limpo – me ouviam dizer que o matrimônio é um caminho divino na terra!

«O matrimônio existe para que aqueles que o contraem se santifiquem nele e se santifiquem através dele: para isso, os cônjuges têm uma graça especial, conferida pelo sacramento instituído por Jesus Cristo. Quem é chamado ao estado matrimonial encontra nesse estado – com a graça de Deus – tudo o que necessita para ser santo, para se identificar cada dia mais com Jesus Cristo e para levar ao Senhor as pessoas com quem convive. [...]

«Os esposos cristãos devem ter a consciência de que são chamados a santificar-se santificando, de que são chamados a ser apóstolos, e de que o seu primeiro apostolado está no lar. Devem compreender a obra sobrenatural que supõe a fundação de uma família, a educação dos filhos, a irradiação cristã na sociedade. Desta consciência da própria missão dependem, em grande parte, a eficácia e o êxito da sua vida: a sua felicidade.

«Mas não esqueçam que o segredo da felicidade conjugal está no cotidiano, não em sonhos. Está em encontrar a alegria escondida de chegarem ao lar; no trato afetuoso com os filhos; no trabalho de todos os dias, em que toda a família colabora; no bom humor perante as dificuldades, que é preciso enfrentar com espírito esportivo; e também no aproveitamento de todos os avanços que nos proporciona a civilização, para tomar a casa agradável, a vida mais simples, a formação mais eficaz»[117].

270. Por que a devoção à Santíssima Virgem é uma ajuda inigualável para se viver a castidade, tanto no matrimônio como no celibato?

Responderemos a esta pergunta final com outra feita por Pio X na Encíclica *Addiem illud laetissimum*:

«Quem não tem a experiência de que não existe caminho mais seguro e mais rápido que nos leve a todos à união com Cristo, do que aquele que passa por Maria?; e que por esse caminho podemos alcançar a perfeita adoção de filhos, até chegarmos a ser santos e imaculados na presença de Deus?»

E podemos acrescentar: quem não experimentou o despertar dos mais puros e ternos sentimentos sempre que recorreu a Maria, sempre que lhe pediu que «volvesse» para ele os seus «olhos misericordiosos», sempre que procurou o amparo dAquela que tem o coração dulcíssimo e que é a «Mãe do amor formoso», como a denomina a Igreja, e Mãe nossa?

«Quando as seduções da carne sacodem a frágil barca da minha alma, olho sempre para Vós, ó Maria... Seguindo-Vos, não me desvio; pensando em Vós, não erro; se Vós me amparais, não me canso; se me sois propícia, chegarei ao termo» (São Bernardo).

[illegible]

[illegible] que [illegible] estar [illegible], como expressão [illegible] no [illegible] todo [illegible] vida [illegible] simples, a [illegible] mais direta.

270. Por que a devoção a Santíssima Virgem é uma ajuda imprescindível para se viver a castidade, tanto no matrimônio como no celibato?

Respondemos a essa pergunta final com [illegible] por [illegible]:

Quem não tem a experiência de que [illegible] mais seguro e mais rápido que [illegible] união com Cristo [illegible] que [illegible] por [illegible] de [illegible] [illegible] Igreja?

Por [illegible] Maria, [illegible] que [illegible] [illegible] [illegible] do amor [illegible] [illegible].

[illegible] [illegible] [illegible] [illegible] [illegible] [illegible].

Notas

(1) Gregorio Marañón, *Ensayo sobre la vida sexual*, Madri, 1969, pág. 186; (2) Enrique Rojas, em *Enciclopédia de la sexualidad y de la pareja*, Espasa-Calpe, Madri, 1991, pág. 73; (3) Leibniz, citado por Enrique Rojas, em *Enciclopédia...*, pág. 72; (4) Hegel, *idem*; (5) cf. São Tomás de Aquino, *Suma Teológica*, I-II, q. 28, a. 1, ad. 2; (6) Concílio Vaticano II, Const. *Gaudium et spes*, n. 49; (7) Exortação Apostólica *Familiaris Consortio*, n. 11; (8) Leo J. Trese, *A fé explicada*, 15ª ed., Quadrante, São Paulo, 2017, pág. 201; (9) Papa Paulo VI, Encíclica *Humanae Vitae*, n. 12; (10) cf. Aureliano Dias Gonçalves, *A vida em casal*, 6ª ed., Franciscana, Montarial-Braga, 1980, págs. 176-178; (11) Papa Paulo VI, *Humanae Vitae*, n. 12; (12) Congregação para a Doutrina da Fé, Decl. *Persona humana, sobre alguns pontos de Ética Sexual*, 29-12-1975, n. 5; (13) Viktor Frankl, *Psicoterapia e sentido da vida*, 6ª ed., Quadrante, São Paulo, 2016, pág. 25; (14) Jacques Leclercq, *A família*, Quadrante-Edusp, 1968, págs. 108-109; (15) M. Benzo, *Algunas cuestiones de ética sexual*, BAC Popular, Madri, 1976, pág. 134; (16) E. Rojas, *Enciclopédia...*, pág. 88; (17) *Idem*, pág. 96; (18) *Idem*, pág. 88; (19) Congregação para a Doutrina da Fé, Decl. *Persona humana*, n. 9; (20) André Léonard, *Cristo e o nosso corpo*, 2ª ed., Quadrante, São Paulo, 2017, págs. 34-35; (21) Congregação para a Doutrina da Fé, Decl. *Persona humana*, n. 8; (22) *Ibidem*; (23) Anton Böhm, *Jugendgefährdung in der heutigen Öffentlichkeit*, em *Die heutige Jugendgefährdung und ihre Überwindung*, 1963, cit. por Georg Siegmund, *A sexualidade humana*, Loyola, São Paulo, 1972, pág. 74; (24) *Ibidem*; (25) Cit. por C. Vollmer, *Por amor a la vida*, Provive, Caracas, 1992, pág. 190; (26) Eugênio de Araújo Sales, *Viver a fé em um mundo a construir*, vol. X, Marques Saraiva, Rio de Janeiro, 1992, pág. 180; (27) R. Smith, *The condom: Is it really Safe Sex?*, Public Education Commitee, Seattle, EUA, julho de 1991, págs. 1-3; (28) E. de Araújo Sales, *op. cit.*, v. X, pág. 15; (29) Cit. por Raimondo Spiazzi e Yan Visser, *Algunas cuestiones de ética sexual*, BAC Popular, Madri, 1976, pág. 166; (30) Cormac Burke, *Amor e casamento*, 2ª ed., Quadrante, São Paulo, 2017, págs. 151-152; (31)

Informe Meese, 1986; (32) cf. Aquilino Polaino-Llorente, em *Enciclopédia...*, págs. 139-149; (33) M. Vallejo-Nágera, em *Enciclopédia...*, págs. 136 e 137; (34) Cormac Burke, *op. cit.*, pág. 47, nota; (35) Viktor Frankl, *op. cit.*, pág. 207; (36) *O Estado de São Paulo*, 05-11-1994, pág. A23; (37) Jacques Leclercq, *A família*, pág. 65; (38) *Gazeta Mercantil*, 08-05-1995, pág. A-4; (39) Maria Mariana e Edmardo Galli; *O Estado de São Paulo*, 01-06-1995, pág. D4; (40) *Gazeta Mercantil*, 08-05-1995, pág. A-4; (41) cf. Rafael Llano Cifuentes, *Novo direito matrimonial canônico*, Marques Saraiva, Rio de Janeiro, 1990, págs. 38-44; (42) J. Leclercq, *O matrimônio cristão*, Aster, Lisboa, 1955, pág. 86; (43) Albino Luciani, in *Il Gazzetino*, 25.07.1978; (44) Rafael Llano Cifuentes, *Egoísmo e amor*, Quadrante, São Paulo, 1988, págs. 24 e segs.; (45) Enrique Rojas, em *Enciclopédia...*, pág. 175; (46) J.M. Iraburu, *El matrimonio católico*, Fundación Grátis Datae, Madri, 1989, págs. 82-83; (47) Josemaria Escrivá, *Entrevistas com Mons. Josemaria Escrivá*, 3ª ed., Quadrante, São Paulo, 2016, n. 91; (48) A. Dias Gonçalves, *A vida em casal*, págs. 88-104; (49) *Idem*, pág. 91; (50) *Idem*, págs. 103-104; (51) Papa João Paulo II, *Familiaris Consortio*, n. 25; (52) cf. J.M. Iraburu, *op. cit.*, págs. 91-92; (53) Paul Chauchard, *El progreso sexual*, Fontanella, Barcelona, 1971, pág. 54; (54) cf. J.M. Iraburu, *op. cit.*, pág. 93; (55) Cf. Papa Paulo VI, *Humanae Vitae*, ns. 12-16; *Gaudium et Spes*, ns. 50-51; (56) Josemaria Escrivá, *Entrevistas com Mons. Josemaria Escrivá*, n. 94; (57) Papa João Paulo II, *Alocução*, 17.09.1983; (58) Papa João Paulo II, Carta Enc. *Evangelium vitae*, n. 58; (59) cf. Papa João Paulo II, *Alocução*, Madri, 02-11-1982; (60) Papa João Paulo II, *Evangelium vitae*, n. 57; (61) Papa Paulo VI, *Humanae Vitae*, n. 17; (62) Josemaria Escrivá, *Entrevistas com Mons. Josemaria Escrivá*, n. 93; (63) João Paulo II, *Alocução*, 17.09.1983; (64) P. Frank-Hermann, M. Bremme, G. Freundl, em J.M. Iraburu, *op. cit.*, pág. 93; (65) cf. A. Dias Gonçalves, *A vida em casal*, pág. 286; (66) J. Billings, *Regulação natural da natalidade*, Sal Terrae, Santander, 1975; (67) Cit. por M. Brugarola, *Juan Pablo II, El Sínodo V y la vida humana*, Aldecoa, Burgos, 1982, págs. 235-236; (68) *El Nuevo País*, Venezuela, 09-07-1992; (69) Papa João Paulo II, em *L'Osservatore Romano*, ed. em português, 03-02-1991, pág. 4; (70) Papa João Paulo II, em *L'Osservatore Romano*, ed. em português, 16-08-1987, pág. 2; (71) Papa Paulo VI, *Humanae Vitae*, n. 28; (72) Cf. *Idem*, ns. 4 e 18-20; (73) Pierre Chaunu, em *Veja*, 11-07-1988, págs. 5 e segs.; (74) Congregação para a Doutrina da Fé, Decl. *Persona humana*, n. 9; (75) *Ibidem*; (76) Congregação para a Doutrina da Fé, Instr. *Sobre o respeito à vida humana nascente e a dignidade da procriação*, II, B, 8; (77) Papa João Paulo II, *Familiaris Consortio*, n. 37; (78) *Ibidem*; (79) *Ibidem*; (80) *Ibidem*; (81) Cf. Christine de Marcellus de Vollmer, em Por *amor a la vida*, Provive, Caracas, 1992, págs. 170-185; (82) Cf. C. Vollmer, *op. cit.*, págs. 180-182; (83) Melvin Anchell, *El boomerang de la información sexual*, Provive, Caracas, 1990, pág. 117; (84) *Idem*, pág. 109; (85) *Idem*, pág. 131; (86) *Idem*, pág. 123; (87) *Idem*, pág. 139; (88) *Idem*, pág. 105; (89) *Idem*, pág. 89; (90) *Idem*, pág. 91; (91) *Idem*, pág. 99; (92) *Idem*, pág. 101; (93) Leo J. Trese, *op. cit.*, págs. 203-204; (94) Congregação para a Doutrina da Fé, Decl. *Persona humana*, n. 7; (95) Paul Chauchard, *El progreso sexual*, pág. 54; (96) João Mohana, *A vida sexual dos solteiros e casados*, Globo, São Paulo, 1961, págs. 192, 193, 209 e 213; (97) Josemaria Escrivá, *Caminho*, 11ª ed., Quadrante, São Paulo, 2016, n. 360; (98) cf. *Código de Direito Canônico*, cân. 277; (99) cf. Papa João Paulo II, Carta *Novo Incipiente*, 08-04-1979, 9: AAS/71 (1979), págs. 40 e segs.; (100) Leo J. Trese, *op. cit.*, pág. 202; (101) Santo Agostinho, *De mendacio*, c. 20: PL 40, 515; (102) São Tomás de Aquino, *Suma Teológica*, II-II, q. 153, a. 1; (103) Josemaria Escrivá, *Amigos de Deus*, 3ª ed., Quadrante, São Paulo, 2014, n. 177; (104) Josemaria Escrivá, *É Cristo que passa*, 4ª ed., Quadrante, São Paulo, 2014, n. 25; (105) H. Baruk, *Les méthodes scientifiques d'étude de la conscience morale en psychologie et en psychopathologie individuelle et sociale*, Spes, Paris, 1951, pág. 98; citado por Juan Bautista Torelló, *Psicanálise ou confissão?*, Aster, Lisboa, 1967, pág. 37; (106) Vitaliano Brancati, *Paolo il caldo*, Bompiani, Milão, 1955, pág. 362, cit. por. J. B. Torelló, *Psicanálise ou confissão?*, págs. 37-38; (107) São Gregório, *Moralia* 31, 45; PL 76, 621; (108) Gregorio Marañón, *Ensayos liberales*, Espasa--Calpe, Buenos Aires-México, 1946, págs. 96-97; (109) Leo J. Trese, *op. cit.*, pág. 202; (110) *Idem*, pág. 203; (111) E. Rojas, em *Enciclopédia...*, págs. 91-92; (112) G. Siegmund, *A sexualidade humana*, pág. 62; (113) Ada Simoncini, *O pudor*, Quadrante, São Paulo, 1991, págs. 34-36; (114) G. Siegmund, *A sexualidade humana*, pág. 65; (115) *Confissões*, 6, 1, 20; (116) André Léonard, *Cristo e o nosso corpo*, págs. 25-26; (117) Josemaria Escrivá, *Entrevistas com Mons. Josemaria Escrivá*, n. 91.

Índice analítico***

(***) Os números indicados nas referências correspondem às perguntas do texto.

ESTE LIVRO ACABOU DE SE
IMPRIMIR A 27 DE JUNHO DE 2025,
EM PAPEL PÓLEN NATURAL 70 g/m^2.

761